« QU'EST-C
QUE TU ATTENDS
POUR FAIRE
UN BÉBÉ ?

« TU NE VAS PAS
LE REGRETTER ? »

« TU N'AS PAS PEUR
DE FINIR SEULE ? »

CHLOÉ CHAUDET NE VEUT PAS D'ENFANT

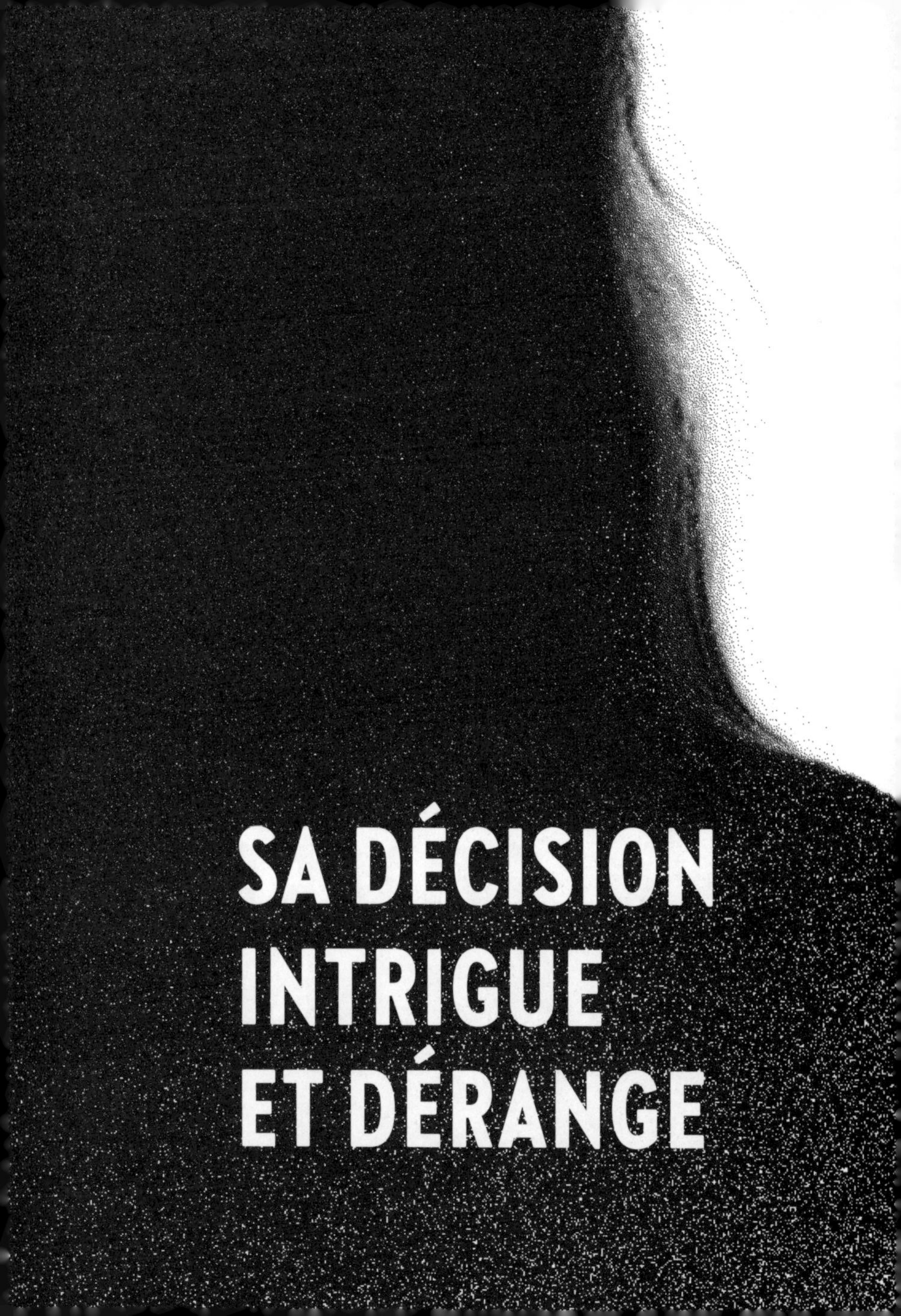
SA DÉCISION
INTRIGUE
ET DÉRANGE

CE CHOIX, ELLE A APPRIS À L'ASSUMER

L'Iconoclaste
26, rue Jacob, 75006 Paris
Tél. : 01 42 17 47 80
iconoclaste@editions-iconoclaste.fr
www.editions-iconoclaste.fr

CHLOÉ CHAUDET

J'AI DÉCIDÉ DE NE PAS ÊTRE MÈRE

L'ICONOCLASTE

À *Elsa*.

Je ne fais pourtant de tort à personne
En suivant les ch'mins qui n'mènent pas à Rome
Mais les braves gens n'aiment pas que
L'on suive une autre route qu'eux

Georges Brassens,
« La Mauvaise Réputation », 1952

Savoir dire non souvent,
y compris à soi-même.

Chloé Delaume,
Mes bien chères sœurs, 2019

PROLOGUE.
L'ANNIVERSAIRE

Le destin d'une femme n'est pas de devenir mère. En tout cas, ce n'est pas le mien.

Il y a quelques mois, j'ai fêté mes 35 ans. C'est l'âge situé « au milieu du chemin de notre vie », selon les premiers vers de *L'Enfer* de Dante. C'est aussi l'âge butoir pour concevoir « dans des conditions de fertilité optimales », d'après diverses gynécologues croisées sur mon chemin. Mais je ne veux pas d'enfant. Et j'ai dû apprendre à assumer ce choix, rarement compris.

« Le privé est politique » : cette formule, popularisée aux États-Unis au tournant des années 1970 avant d'être reprise par des intellectuelles et militantes européennes, je la fais mienne. Mon cheminement, intime, individuel, concerne en fait d'autres que moi. Celles qui ont des enfants comme celles qui n'en ont pas. Nous toutes et tous.

Le non-désir d'enfant reste un sujet tabou. Particulièrement en France. Les mots manquent pour dire ce désir qui n'en est pas un. J'ai à ma disposition plusieurs termes, tous négatifs : ne pas vouloir d'enfant, ne pas ressentir l'envie de procréer, refuser de devenir mère, choisir *de ne pas* être mère ; dans un registre plus démographique, « infécondité volontaire ». Sur les formulaires de santé, l'horrible « nullipare », à la croisée du vocabulaire médical et zoologique, sert à cataloguer ces êtres étranges constituant un déni de ce qui garantit la perpétuation de l'espèce humaine : sa capacité à « donner la vie ». Je contredis les tentatives sans cesse renouvelées de reconduire une logique ancestrale, d'une profondeur immémoriale et sans appel. Nullité *vs* générosité, manque *vs* accomplissement, anormalité *vs* principe universel. Ce que je suis se dit comme un défaut, une carence, une anomalie. Je me retrouve définie par ce que je ne suis *pas*.

Je ne veux pas d'enfant. Cela ne cadre pas avec les normes de la société française, même chez les féministes. Dans la vaste entreprise d'émancipation qui guide les mouvements des femmes depuis des décennies, et jusqu'à aujourd'hui, un droit fondamental n'a pas été pleinement défendu, pas jusqu'au bout en tout cas : la liberté de déterminer son existence sans se limiter à sa condition biologique. Refuser d'être mère, c'est plus que renoncer à la parentalité : c'est affirmer une indépendance féminine qui, encore aujourd'hui, est mal acceptée. C'est exclure de suivre les pointillés qu'on a dessinés pour nous. Se dérober à la norme. Slalomer entre les injonctions. Comme des centaines de milliers de femmes indociles, j'ai pris une décision qui demeure inacceptable : vivre comme bon me semble.

« C'EST UN CHOIX PERSONNEL ? »

Une soirée d'été, à la lisière d'un court de tennis des bords de Marne. Je dois avoir 33 ou 34 ans. Sur un banc, je range ma raquette auprès des deux commerciales et de l'employée municipale qui ont suivi avec moi une initiation à la terre battue. Je les ai vues aujourd'hui pour la première fois, mais le ton entre nous est familier : ramasser ensemble des balles perdues pendant deux heures, ça crée des liens. Il est déjà 20 heures, elles se dépêchent : leurs enfants les attendent. Avant de partir, la plus volubile des trois me montre les clés de sa voiture :
« Tu veux que je te dépose quelque part, Chloé ? »
Je décline.
« C'est gentil, mais je vais rentrer à pied, j'aime bien la lumière à cette heure.
– Ça, c'est bien un truc de littéraire ! Tu n'as pas de petit morfal qui t'attend à la maison ? »

En deux tours de poignet, elle a réussi à se faire un chignon parfait et à badigeonner ses lèvres de Labello couleur cerise. Je hoche la tête en souriant. Une autre tenniswoman, moulée dans un jaune criard qui m'agresse les yeux, me lance d'un air compatissant :
« C'est un choix personnel ? »
Je détourne le regard.
« Tout à fait ! »
J'attrape mon sac en essayant d'avoir l'air enjoué, et leur fais un signe de la main. Miss Fluo, visiblement moins pressée de partir, revient à la charge :
« Ah ouais, c'est marrant, ça ! Il y a une raison en particulier ? »
Je m'excuse avec de grands gestes, en faisant mine de répondre à mon téléphone portable, puis je rejoins le sentier longeant la Marne.

Et là, je sens les larmes me monter aux yeux.
De fatigue, de rage, d'exaspération.
D'être de nouveau sommée de justifier mon refus de tenir la maternité pour une évidence, cette fois par une femme dont j'ai fait la connaissance il y a deux heures.

De n'avoir pas trouvé quoi répliquer à cette matrone à peine plus âgée que moi.

En rentrant chez moi, je réfrène mes larmes et je prends une décision : à partir de maintenant, j'essaierai de comprendre pourquoi mon choix intrigue autant. Je me promets de trouver une manière de répondre *vraiment*. Sur un court de tennis des bords de Marne, ou ailleurs.

NOUS SOMMES DES MILLIONS

L'impression d'être déviante. Elle émerge avant toute chose, quand je songe à mon refus de prolonger le cycle de la reproduction. Déviante plus que singulière : en France, environ 4,5 % des femmes de 18 à 79 ans ne souhaitent pas ou n'ont jamais souhaité devenir mères – je tire ce chiffre de la dernière publication de synthèse de l'INED (2016). Et un peu moins de 15 % de mes congénères n'ont pas d'enfant*. Parmi les quatre millions de Françaises n'ayant pas fait fructifier leur capital génétique, plus d'un million partage mon choix. S'y ajoutent des mères qui n'aspirent pas à le devenir de nouveau (elles ont un enfant, on les somme de faire le prochain) : certaines d'entre elles subissent une part des assignations, questions et soupçons qui rythment ma vie de trentenaire.

---

* Michaela Kreyenfeld et Dirk Konietzka (dir.), *Childlessness in Europe: Contexts, Causes, and Consequences*, Heidelberg, Springer, 2017, p. 77-95.

À la différence des femmes qui aimeraient mettre un enfant au monde mais n'y parviennent pas, nous faisons rarement l'objet des conversations ou de l'attention publique. La sphère politique et les médias français traitent surtout de l'infécondité lorsqu'elle est subie – on connaît les sigles : PMA, GPA… ; pas quand elle est choisie.

Nous ne sommes pas minimes, mais minoritaires. Je fais partie d'un collectif qui peine à faire accepter son existence, et dont les membres sont souvent éparpillés, isolés, marginalisés. S'ignorent, la plupart du temps. Nous nous reconnaissons parfois avec émotion, au détour d'une conversation ou d'une rencontre ; nous nous renseignons sur ces femmes qui nous ressemblent, dans la vraie vie ou les méandres d'Internet ; mais le reste du temps, c'est plutôt notre différence qui nous saute aux yeux. Surtout quand à ce stade de notre vie, le glas de la fécondité n'a pas encore sonné. Qu'il n'est « pas trop tard ».

Comme d'autres, je n'ai jamais éprouvé le désir de devenir mère. J'ai été confortée par diverses situations, lectures et expériences. J'ai aussi été traversée de doutes, de questionnements, de mouvements contradictoires – provoqués par un adversaire tantôt sournois, tantôt direct, aux stratégies parfois mielleuses, aux attaques de fiel. Cet adversaire protéiforme porte un nom : l'injonction à la maternité.

Comme moi, une multitude d'individus lui résistent. Sans forcément le clamer haut et fort, nous sommes des millions de femmes assoiffées de liberté.

LA CERTITUDE

Mon cursus universitaire, mon désir de m'expatrier, de n'être pas là où on m'attend... J'ai souvent senti que mon attitude et mes préférences étaient en décalage avec mon entourage. Tout comme l'évidence que je ne suis pas en mal d'enfant. Faut-il y voir une fierté, un plaisir à sortir du lot ? Un peu, sans doute, mais en arrière-plan, seulement. Je suis surtout animée par la conviction que d'autres décisions m'auraient rendue malheureuse. Je suis loin de toujours savoir à quoi j'aspire. Mais j'ai souvent su ce que je ne souhaitais pas : de fil en aiguille, c'est ainsi que j'ai tissé ma vie.

Aujourd'hui, à 35 ans et quelques, j'ai trouvé ma place à l'université, où je suis devenue enseignante-chercheuse en littérature comparée. Aujourd'hui, à 35 ans et quelques, alors que les intimations à transmettre mes gènes n'ont jamais été aussi tonitruantes autour de moi, j'ose affirmer ma volonté de ne pas devenir mère. Peut-être en partie à cause de leur intensité irritante, dure à supporter.

En assumant mon choix, je sens quelque chose de très fort me traverser, et me rassurer : un flux de plénitude heureuse et d'énergie sereine, qui s'étendent, débordent presque de moi ; et l'envie de les partager, de les communiquer, pour apporter, peut-être, un réconfort à mes silencieuses semblables, ou au moins un appui, l'impression d'une communauté de vues et d'expériences, rassérénante et protectrice. Un mouvement qui ne peut se laisser étouffer par une doctrine, quelle qu'elle soit.

La sensation de liberté en est la source, le foyer. La sociologue Charlotte Debest qui a enquêté sur la question insiste sur le désir d'autonomie des réfractaires à l'impératif de la parentalité, dans la sphère familiale, conjugale ou professionnelle*. Je pense à mes départs spontanés, à mes voyages improvisés : cet été, où, étudiante, j'ai sillonné l'Andalousie en bus, seule, après avoir obtenu un

---

* Charlotte Debest, *Le Choix d'une vie sans enfant*, Rennes, Presses universitaires de Rennes, 2014.

congé inattendu ; ce vendredi d'automne morose où, depuis l'Allemagne, j'ai réservé un train de nuit pour Prague, avant d'arpenter le pont Charles désert, au petit matin, dans une brume de roman gothique ; ce dimanche de printemps où, lassés de nos écrans d'ordinateur, nous avons pris nos vélos, à deux, et nous sommes échappés toute la journée, sans nous préoccuper de rien ni de personne d'autre. En refusant de devenir mère, c'est cette indépendance-là que j'ai l'impression de conserver, sans avoir à l'enterrer en des profondeurs lointaines ou devoir attendre des périodes plus propices. Cette liberté m'est accessible à tout moment, ou presque. C'est une sorte d'œil du cyclone dans le tourbillon de ma vie emplie de responsabilités pédagogiques et administratives, de déplacements parfois choisis, parfois forcés, d'amitiés à apprécier et à cultiver. Elle m'est aussi nécessaire que le souffle que l'on retrouve après une course effrénée. Nous sommes si nombreuses à ressentir ce besoin profond de respirer.

« CHILDFREE »

Ce mot intraduisible me plaît : *childfree*. En anglais, *childless* est plus usuel pour désigner les personnes sans enfant. Mais il ne s'accorde pas avec ce que j'éprouve à l'idée de ne pas lier mon existence à l'expérience de la maternité. Je ne me retrouve pas dans la sensation de manque, de privation, dans la diminution qu'exprime le suffixe *-less*. Ma décision se confond bien plus avec un sentiment de délivrance. J'ai l'impression d'être dispensée d'une multitude de contraintes ; de savourer l'autonomie physique, morale et intellectuelle que j'ai conquise et, surtout, que je vais pouvoir préserver.
Le terme *childfree* est de plus en plus employé depuis les années 1970. À cette époque, dans les pays anglophones, des individus qui considéraient la parentalité comme un repoussoir se sont regroupés dans des associations : la National Organization for Non-Parents devenue la National Alliance for Optional Parenthood, l'organisation

No Kidding! ou encore The Childfree Network. Je ne ressens pas d'attirance particulière pour ces groupes militants, qui présentent souvent la décision de ne pas avoir d'enfant comme la meilleure possible. Je ne suis pas une activiste dans ce domaine. Ni une prosélyte. Je conçois, au contraire, ma résolution *à égalité* des autres: elle indique une trajectoire possible. Pas plus, mais pas moins. Et il faut l'intégrer.

Mon choix n'en est pas moins un renoncement. Il m'oblige à un abandon, parfois douloureux; il m'impose de me détourner d'une expérience que j'aurais peut-être appris à aimer. Un vague à l'âme m'envahit quelquefois à l'idée que je ne mettrai personne au monde. Je ne verrai pas grandir ma descendance à mes côtés; mon quotidien ne sera pas accompagné de ces rires d'enfants qui m'ont toujours touchée. J'éprouve une mélancolie assez semblable en songeant à d'autres existences que j'aurais pu vivre: médecin, historienne de l'art, traductrice d'œuvres littéraires. Elle s'inscrit dans une même tristesse, qui me renvoie, en somme, à ma finitude.

Mais ces moments ne durent jamais assez pour m'ébranler dans ma décision. Je garde au fond de moi une certitude tenace : je sais à présent que je ne deviendrai plus mère. Aucun facteur rationnel ne suffit à expliquer cette conviction profonde, dont les premières traces remontent à mon manque d'intérêt pour les enfants et ce qui va avec : la grossesse, l'accouchement, la parentalité. La procréation serait une aspiration commune à l'ensemble des femmes ? Je suis la contradiction incarnée de cette idée, encore trop répandue.

L'ANNONCE

Une maison située à quelques rues de mon ancien lycée. La fête d'une amie. Une dizaine de personnes ont été invitées, dont des membres de sa famille. Je trouve le mélange un peu insolite. Dans le brouhaha des conversations, des grattements d'une guitare qu'on accorde et des bouteilles qu'on débouche, je vais d'invité en invité, heureuse de prendre des nouvelles. Mon hôtesse se sert des verres de jus de pomme. J'attrape la guitare accordée pour jouer quelques notes ; je m'entends à peine. En sortant prendre l'air dans le jardin, je retrouve d'autres visages connus. « T'es au courant, Chloé ? » Petit silence. Je commence à me douter de quelque chose. La porte-fenêtre s'ouvre alors avec fracas, et mon amie me prend à part, plus loin sur la pelouse. Elle avait convié l'ensemble de ses proches pour annoncer une bonne nouvelle : elle était enceinte ! L'année de ses 30 ans !

Sa jubilation est communicative. Je me réjouis d'abord pour elle, avec l'impression de partager son émotion. Je la serre dans mes bras, avant de la féliciter avec chaleur. Mais à mesure que l'heure avance, je ne peux m'empêcher de la plaindre secrètement. Je me projette en me figurant le poids gigantesque que ce minuscule être prendra dans sa vie, l'inquiétude qui grèvera ses moments de faiblesse, les contraintes qui l'épuiseront. Aucune image joyeuse ne se dessine vraiment. Je me dis que nos existences n'auront plus grand-chose en commun : je garderai, moi, tant de possibilités de rester spontanée, indépendante, seule quand je le souhaite, sans attaches que je ne puisse rompre à tout instant. Je repense à l'une de mes anciennes profs d'histoire de l'art en Allemagne, qui, veuve à l'âge de la retraite, s'est installée dans une colocation avec sa cousine et une amie de toujours, toutes sans enfant. Dans quarante ans, je ne m'imagine pas en train de m'occuper de mes petits-enfants le week-end. Je me vois bien mieux dans un grand appartement rempli d'œuvres d'art, de bric et de broc, de livres et de plantes, en bonne compagnie mais fondamentalement libre, bénévole dans une association d'aide alimentaire ou donnant des cours de langue à des réfugiés, dans le sillage de ces trois copines cinéphiles, curieuses et généreuses, qui m'ont toujours semblé enthousiastes et pleines d'élan. Dans ce tableau lumineux qui m'accompagne souvent depuis ce soir-là, il n'y a pas d'enfants. Ni de ventre rond.

RÊVES

Il y a plusieurs années, la nuit, je rêvais parfois que je pouponnais. Je me voyais, un bébé joufflu dans les bras, dans une sorte de décor gris-blanc, ouateux et feutré ; je me sentais bien, entourée, aimée et aimante, vivante. Je me réveillais agacée en me demandant quelle mouche avait piqué mon inconscient. Et je me rendormais rapidement, en m'adressant à moi-même un « N'importe quoi ! » à voix basse.

Mes rêves n'ont pas disparu. Mais ils se sont transformés en cauchemars. Une nuit, mon ventre grossit subitement ; j'achète un test de grossesse qui s'avère positif, et suis désespérée. Une autre, je marche tranquillement dans la rue, quand j'entends une petite voix gémir « Maman… Maman… » ; je sais que c'est moi qu'elle appelle, et cela m'effraie ; tétanisée, je n'ose me retourner ; je finis par me réveiller, le cœur battant, en sueur, et mets un bon moment à retrouver mon calme.

Ces cauchemars ne sont pas assez fréquents pour que je m'en sois vraiment inquiétée. Ils n'en font pas moins partie de mes rêves récurrents. Mais comment résister à un automatisme ancré dans ma conscience profonde et mes gènes, issu de toutes ces générations de mères, grand-mères, arrière-grand-mères qui m'ont précédée ? Ma pensée semble alors achopper sur des mécanismes immémoriaux qui me dépassent, précipitée dans un gouffre dont seul le réveil me permet de m'extraire.

LA LISTE

À Noël dernier, ma sœur Elsa m'a offert un petit cahier qui imitait la couverture de l'un de mes romans préférés : *L'Œuvre au noir*, de Marguerite Yourcenar (tiens, une écrivaine qui n'a pas eu de descendance). Je l'ai glissé dans mon sac à main, avec le projet d'y noter toutes les raisons de ne pas enfanter qui se présenteraient à mon esprit. Un seul principe : pas d'autocensure. La liste n'est pas complète mais s'étend déjà sur plusieurs pages :

- Ne pas avoir à supporter ces petits monstres qui hurlent et vous mettent à bout dans le train, dans la rue, dans le salon
- Préserver mes yeux des *Minions* et mes oreilles de *La Reine des neiges*
- Pouvoir tester les hôtels « interdits aux enfants » pour assurer la tranquillité des adultes qui y séjournent
- Les premiers mois, m'épargner des conversations avec des tubes digestifs qui chouinent

– Être paralysée par une vision idéalisée de mon enfance
– Le refus, au contraire, de ressembler à mes parents (j'ai écrit à côté : « Trop tard : cf. téléphone » – sans doute parce qu'on confond souvent ma voix avec celle de ma mère)
– Ne pas avoir à concilier la maternité et un métier ultra-prenant
– Ne pas être dérangée pendant mes siestes crapuleuses
– Éviter un peu mieux la stagnation professionnelle
– Esquiver les lectures débilitantes de *Oui-Oui* et compagnie
– Préférer contribuer à la formation de mes étudiant·es
– Avoir le loisir de faire ce que je veux quand ma journée / ma semaine de travail est finie
– Pouvoir vraiment improviser
– Échapper au spectacle d'enfants que les parents doivent se farcir chaque fin d'année scolaire
– Un certain égoïsme
– Ne pas risquer de me métamorphoser en zombie à cause des nausées de la grossesse puis par manque de sommeil

- Ne pas me sentir dépossédée de mon propre corps
- La crainte d'un accouchement traumatisant
- Être certaine de ne pas lasser mon entourage avec mes histoires d'allaitement ou d'école Montessori
- Peur de donner naissance à un enfant lourdement handicapé
- Hantise de mettre au monde quelqu'un qui vivra dans un enfer écologique
- Ne pas attraper un rhume / une gastro / une otite à chaque rentrée pendant cinq ans au moins
- Me soustraire à une inquiétude permanente. Surtout si c'est une fille
- Choisir seule les boutiques où je fais du shopping
- Ne pas me sentir obligée de partir à la recherche de la meilleure crèche / de la meilleure maternelle / de la meilleure primaire / du meilleur collège / du meilleur lycée...
- Ne pas me faire traiter de vieille conne par un adolescent ingrat qui me reprocherait ensuite de l'avoir mis au monde

- Envie de « rester femme » avant tout (les guillemets transpercent presque la page)
- Profiter de ma grasse matinée du week-end
- Ne pas devenir *encore plus* une spécialiste de l'organisation
- Renoncer à TOUT vivre
- Disposer de mon ventre comme je l'entends

En relisant mon carnet, je me suis dit que ce n'était rien de cela en totalité ; ou plutôt que c'était tout cela à la fois, à des degrés différents et dans des proportions variées : une alchimie unique, qui s'adapte à l'humeur du moment, aux secousses reçues. Concoctée dans une marmite où s'invite aussi le mystère.

LES MÈRES CORBEAUX

En Allemagne, où j'ai fait mes études de la licence aux premières années de thèse, je ne me suis jamais demandé si je voulais des enfants. Et d'ailleurs, personne ne m'a jamais posé la question. Il me semblait alors évident que pour une jeune femme aspirant à une carrière universitaire, devenir mère était impossible. L'expression *Rabenmutter* (littéralement « mère corbeau ») sert à désigner, et à dénigrer, une mère qui ne se consacre pas entièrement à sa progéniture. Parmi mes anciennes condisciples, celles, peu nombreuses, qui ont décidé de devenir enseignantes-chercheuses n'ont pas tenu à se lancer dans la longue aventure de la parentalité. J'ai bien sûr rencontré quelques Allemandes un peu plus âgées menant de front carrière universitaire et maternité. Mais la distinction des femmes selon deux catégories – celles qui travaillent à temps plein, et les autres – m'a toujours paru bien plus marquée de l'autre côté du Rhin. Les diplômées allemandes qui travaillent à temps plein renoncent le plus souvent à la maternité*.

« Rien ne m'a motivée à avoir des enfants. [...] Il n'aurait pas été question que je renonce à mon métier », explique Eva, 80 ans, une ancienne journaliste allemande qui a ensuite travaillé dans une ONG en Afrique, avant de militer dans une association de soutien scolaire destinée à des enfants d'immigrés. La romancière Colombe Schneck est allée à la rencontre de cette femme rayonnante dans un documentaire de 2014, intitulé *Femmes sans enfant, femmes suspectes*. Je l'ai visionné il y a peu, sur le conseil d'une amie. Je me suis en partie retrouvée en Eva, mais aussi en Marie-Laure, une esthéticienne française de 50 ans, ou en Orna, une chercheuse israélienne de 37 ans. La vivacité, le sourire, la chaleur d'Eva contrastent avec la grisaille hivernale de Cologne. Devant une fenêtre encombrée de souvenirs, ceux d'une vie

---

* Michaela Kreyenfeld et Dirk Konietzka (dir.), *Childlessness in Europe*, *op. cit.*, p. 97-114.

que l'on devine bien remplie, elle souligne avec douceur qu'elle n'a jamais regretté son choix.

Au plan social, on ne peut vraiment pas considérer les Allemandes comme avantagées par rapport à leurs voisines françaises. Mais les alternatives existent, et aident les femmes à se dérober aux prescriptions plus ou moins explicites dont j'ai fait l'expérience quand je suis revenue en France. L'État où je suis née a le taux de fécondité le plus élevé de l'Union européenne (en 2018, 1,88 enfant par femme contre 1,55 dans l'UE*). Cela même si l'on constate une légère baisse ces dernières années** – il est peut-être trop tôt pour en avoir le cœur net, mais est-ce l'amorce d'un changement ? L'annonce d'une évolution ? Pour l'heure, la France parvient aussi à maintenir un taux d'activité féminine relativement élevé

---

* INSEE / Eurostat, « Natalité et fécondité dans l'Union européenne », 13 janvier 2020 [en ligne].

** Entre 2006 et 2014, le taux de fécondité française oscillait autour de 2,0 enfants par femme ; en 2020, il s'établissait à 1,84 enfant par femme. (INSEE)

(66,3 % de 20 à 64 ans*). Le modèle français de la femme qui travaille *et* élève ses enfants allait bientôt me sauter au visage.

Simple mirage très répandu, ou conformisme encouragé par toute une structure étatique ? « Vous recevez automatiquement les allocations familiales à partir de votre deuxième enfant à charge », annonce le site de la CAF ; le message est on ne peut plus clair : reproduisez-vous ! Mais si la politique familiale française est l'une des plus généreuses en Europe, ce n'est pas tant à cause du montant moyen des allocations qu'elle verse, moins élevé que chez la plupart de ses voisins. La France est surtout « quasi championne du monde » en matière d'avantages fiscaux et de services : au quotient familial, qui permet un allègement d'impôts dès le premier enfant, s'ajoute une participation étatique record aux modes de garde. Si tout est loin d'être parfait à ce niveau, les places restent accessibles dans les crèches

* Commission européenne, « Les femmes sur le marché du travail », 2016 [en ligne].

françaises – y compris pour les familles les plus modestes, grâce à un quota de 10 % de places réservées aux bénéficiaires des minima sociaux (depuis 2013). En 2015, l'État français consacrait l'équivalent de 3,7 % de son PIB aux politiques familiales, contre 2,8 % en moyenne dans l'Union européenne et 2,4 % dans l'OCDE*. En créant les conditions favorables à un accueil des enfants, la France encourage donc plus que d'autres pays les femmes actives à procréer. Mais sont-elles pour autant obligées de répercuter cette incitation en assiégeant celles qui ont fait un autre choix ?

---

* Cour des comptes, *Rapport sur l'application des lois de financement de la Sécurité sociale*, 2017 [en ligne].

« TU N'AS PAS PEUR DE FINIR SEULE ? »

À mon retour d'Allemagne, j'ai vite été confrontée à l'éventualité d'une maternité. Et j'ai réalisé que je n'éprouvais pas le même désir que la plupart des jeunes femmes de mon entourage, que mon attitude perturbait souvent. Je me rappelle très bien le moment où l'on m'a demandé pour la première fois si je n'avais pas peur de « finir seule ». C'était au printemps 2011. Ma bourse doctorale de deux ans était parvenue à son terme, et le mal du pays s'insinuait de plus en plus dans mes moments de rêverie. Je suis donc retournée vivre quelques mois chez mes parents en Picardie, avant de convaincre ma banque de m'accorder un prêt étudiant pour préparer l'agrégation de lettres. Ma situation était inconfortable, et pas uniquement au plan financier. J'avais passé six années à l'étranger, où je m'étais consacrée à mes études, à des stages au sein de théâtres et de musées, à des missions de recherche et d'enseignement qui m'avaient menée jusqu'en Turquie ou en Inde du Nord, grâce à l'excellent encadrement du bénévolat international en Allemagne. Subitement, je réintégrais un environnement statique, familial – peu importe l'âge que l'on a, on reste toujours l'enfant de ses parents. La liberté, le goût pour l'aventure et les occupations prenantes qui étaient encore les miennes quelques semaines auparavant avaient cédé la place à une impression désagréable de retour en arrière, de vide.

« Bon, quand est-ce que tu passes me voir ? »
Coup de fil d'une amie de lycée, que je n'avais pas vue depuis quatre ou cinq ans. Je l'ai retrouvée dans un restaurant japonais, troquant les falafels dont j'avais l'habitude de me régaler outre-Rhin contre des sushis. Elle s'est réjouie de me donner des nouvelles d'anciennes copines dont j'avais perdu le contact ; elle m'a appris que deux d'entre elles avaient fondé une famille. En me débattant avec mes baguettes pour tenter d'attraper un maki au saumon, j'ai remarqué, pas vraiment concentrée :

« Dis donc, il s'en est passé des choses en quelques années…
– Eh ouais, pendant que d'autres font leurs études, certaines s'occupent de leurs marmots ! »
J'avais mis trop de sauce wasabi sur mon maki, mais j'ai eu encore assez de voix pour répondre : « Oui, c'est sûr que ça ne m'a pas traversé l'esprit. »
Mon amie avait déjà fini ses sushis. Elle m'a lancé un regard interrogateur.
« … Ben, tu comprends, avoir un enfant ne m'intéresse pas. »
C'était la première fois que j'employais cette expression, qui me semblait limpide : au cours des années précédentes, j'avais pensé à tout sauf à me reproduire. Et la situation n'allait pas beaucoup changer à l'avenir, vu les difficultés du concours qui m'attendait alors que je n'avais même pas achevé ma thèse. Mes préoccupations étaient tout autres : c'est cela que je voulais dire. Elle n'a pas eu l'air de trop comprendre, non. Au lieu de me demander de développer, elle a bu avec lenteur une gorgée de Tsingtao, puis m'a dévisagée, l'air soudain plus grave :
« Mais tu n'as pas peur de finir seule ? »

Je ressemble à beaucoup de monde : quand je ne veux pas de quelque chose, je n'y songe pas vraiment. C'est lorsque je remarque que mon entourage, lui, y aspire, que je commence à percevoir ce qui me distingue. Surgit alors moins une sensation de manque qu'une impression neutre de dissemblance. Une distance insolite se crée d'elle-même, comme si l'on me tendait un miroir déformant. Lorsque je me suis réinstallée dans mon pays natal, mon désintérêt pour l'univers de la parentalité se limitait à une indifférence quant à une nébuleuse lointaine, qui ne me concernait pas, mais semblait passionner presque tous les individus de sexe féminin autour de moi, telle mon amie aux sushis. Confrontée dès mon retour en France à mon anormalité, j'y ai associé d'emblée une discordance culturelle. Mon absence de désir s'est ensuite consolidée au fil du temps, sans que je le pressente, et sans que j'y prenne vraiment garde.

LA RENGAINE

Ce sont des femmes, et *seulement* des femmes, qui m'ont jeté à la figure ma solitude future. Parmi elles, certaines souhaitaient me voir « rangée » dans l'immédiat avec homme (évidemment – l'hétéronormativité n'est pas juste un gros mot d'universitaire) et enfant ; certaines, plus pragmatiques, m'ont conseillé de faire congeler mes ovocytes, au cas où une envie irrésistible de nourrissons et couches-culottes se manifesterait plus tard ; d'autres encore, plus évasives, m'ont avertie que mes besoins ponctuels de solitude n'étaient que transitoires. Et après ? Comment allais-je faire ?

Aucun de mes compagnons n'a eu à subir ce genre de remarques. À partir d'un certain âge, le célibat dérange. Le cliché plutôt récent de la « célibattante » a atténué la dévalorisation ancestrale des femmes autosuffisantes, en limitant les jugements qui leur sont volontiers associés.

Mais il en va autrement de l'image d'une vieillesse sans descendance : quand elle concerne les femmes, même en couple, difficile de congédier le tragique. Comme si, en fin de compte, ce qui importait pour une femme n'était pas son compagnon ou sa compagne de vie, mais sa progéniture. Pourtant, devenir mère ne signifie pas pour une femme qu'elle passera ses vieux jours entourée d'enfants. Et quand bien même : l'absence de solitude n'est pas un gage d'épanouissement. Mais il est délicat de répliquer cela à une personne qui envisage de fonder un foyer, sous peine d'être blessante ou de passer pour aigrie.

Les mises en garde sont devenues une sorte de refrain. Cette mélodie insistante a résonné de nombreuses, très nombreuses fois, à mes oreilles. Elle a souvent été fredonnée lors de rencontres fugaces, amies d'amies ou collègues de collègues, croisées au cours de soirées plus ou moins arrosées, l'alcool poussant bizarrement certaines femmes à parler grossesse et biberons. En général, l'une des invitées ne boit pas parce qu'elle attend un bébé, et c'est parti : je sais que la « question solitude » va m'être posée à un moment ou un autre, et que je n'oserai pas vraiment protester. Je me vois mise en demeure de répondre à une question intrusive, mais je refuse de mon côté de froisser mes interlocutrices.

Pourquoi ai-je été confrontée si tôt et si souvent à ces avertissements sournois ? Est-ce en raison du repli sur les cellules familiales qui caractériserait notre époque fluide et incertaine ? De fait, la suspicion qui me colle à la peau ne résonne pas de la même manière qu'il y a soixante-dix ans. Les années 1950 étaient celles du mythe de la femme au foyer épanouie, façonné par les médias nord-américains. En cette période de règne symbolique de la matrone trois en un, bonne ménagère, cuisinière hors pair et mère de famille accomplie grâce au salaire de son mari, « finir seule » était davantage synonyme de déchéance sociale qu'à l'heure actuelle.

Aujourd'hui, les craintes des femmes qui m'ont interrogée ne sont pas d'ordre social. Elles savent que, enseignante, je risque un peu moins que d'autres de mourir de faim ; lorsqu'il s'agit d'amies, elles me connaissent assez pour supposer que je ne me laisserai pas aller à l'isolement. Mais il leur semble peu envisageable que je puisse trouver un sens à mon quotidien s'il n'est pas peuplé d'enfants : voilà ce qui les préoccupe, au fond. Leur inquiétude existentielle est alimentée par une idéalisation plus ou moins ostensible de la vie de famille. Elle va de pair avec une sacralisation de la maternité qui m'oppresse et m'exténue.

« ET TOI, TU AS DES ENFANTS ? »

2012, nouvelle rentrée scolaire. J'ai 27 ans, je viens d'obtenir l'agrégation de lettres modernes et d'être nommée stagiaire dans un lycée plutôt huppé, à Vanves. Je respire : je n'ai pas encore obtenu de poste à l'université, mais j'évite la banlieue-qui-fait-peur, où sont envoyé·es au casse-pipe la plupart des jeunes enseignant·es. Les collègues titulaires, que j'ai rencontré·es lors de la pré-rentrée, ont entre 35 et 60 ans et semblent s'apprécier. J'ai beaucoup de chance. Quand j'arrive en salle des profs, deux enseignantes discutent de la rentrée de leurs enfants, près des casiers. L'une, assez jeune, a les traits tirés et la queue-de-cheval en berne, et écoute attentivement l'autre, plus âgée et plus élégante, qui lui donne des tuyaux sur les horaires d'inscription au conservatoire. Sans s'interrompre, elles m'adressent un signe de tête aimable. Pendant que j'ouvre mon casier, la plus jeune me lance :

« Et toi, tu as des enfants, Chloé ? »
Ton léger, sourire sympathique.
« Ah non », dis-je avec le même sourire.
Son visage se ferme, l'attention se détourne. Je ne suis pas une ennemie, mais je ne fais pas partie de son monde. Je range méthodiquement mes affaires.

Une scène semblable se reproduit l'année de ma titularisation, dans le collège de Saint-Cloud où je suis affectée comme remplaçante. Quelques minutes après mon arrivée dans le hall, le principal du collège, la cravate défaite et l'air débordé, m'indique où se trouvent mes collègues de lettres. Je m'approche d'un groupe de trois femmes filiformes. La plus âgée des trois m'identifie et m'indique tout sourire qu'elle coordonne notre discipline, avant de me présenter aux deux autres. « Bienvenue Chloé ! T'as des enfants ? » lance aussitôt une rousse en costume violet, avant de me dévisager. La réponse m'est épargnée par l'arrivée en trombe d'une collègue enrobée, essoufflée et écarlate d'avoir couru, qui suscite l'hilarité des trois sylphides.

Je me dis que ces établissements bourgeois, plutôt tranquilles, sont majoritairement le territoire d'enseignant·es qui ont plus d'ancienneté que moi, et donc plus de chances d'avoir perpétué le génome humain. Mais l'épisode se reproduit de nouveau à Chelles, en Seine-et-Marne, dans un lycée classé « zone sensible ». Un midi de septembre, nous sommes plusieurs à mâchonner un sandwich mou et fade acheté au distributeur, assis sur le canapé antédiluvien de notre salle commune. Vêtue d'une robe qui tient à la fois du mandala tibétain et d'une polychromie psychédélique, une brunette à l'accent légèrement zézayant – j'en déduis qu'elle est prof d'espagnol – annonce qu'elle récupère bientôt les clés de sa maison.

Une trentenaire à la mine épanouie et au style décontracté clame alors, de cette voix claire et chaleureuse qu'ont certains profs d'EPS :

« Tu vas enfin pouvoir lancer un deuxième bébé !

– J'espère que quelqu'un sera là pour le rattraper », dis-je timidement, avec l'intention de me présenter.

Quelques rires polis me font écho. Je n'ai pas le temps d'indiquer qui je suis ni quelle discipline

j'enseigne, car la brunette me demande, après avoir avalé une gorgée de soda :
« Et tu as des enfants, toi ? »
Dans ce lycée, les enseignant·es sont plus jeunes, mais n'en sont pas moins parents.

Où avais-je la tête : j'aurais dû savoir que l'enseignement français était, selon un éminent professeur à la retraite, « choisi par les femmes en raison de la souplesse de l'emploi du temps et des nombreuses vacances qui leur permettent de bien s'occuper de leurs enfants* ». J'aurais pu y penser plus tôt ! Mais j'avoue, la difficulté du concours que j'avais préparé et obtenu au prix d'un travail acharné ne m'avait pas vraiment laissé le loisir d'y réfléchir.

Mes amies trentenaires qui travaillent en dehors du système éducatif et universitaire sont presque toutes mères, depuis plusieurs années. Elles sont infirmières, administrent des salles de spectacle et

---

* Antoine Compagnon, « Professeur, un métier sans évolution », *Le Figaro*, 6 janvier 2014 [en ligne].

des domaines fonciers, travaillent dans l'immobilier, le commerce, la politique… 95 % d'entre elles ont un ou plusieurs enfants, en conformité parfaite avec les statistiques françaises fixant l'âge moyen au premier enfant autour de 30 ans*.

Beaucoup d'entre elles ont fait de longues études. Étonnant, peut-être, quand on sait qu'en Europe les femmes sans enfant sont plus nombreuses parmi les plus diplômées, ou encore que l'âge moyen au premier enfant augmente avec le niveau de diplôme**. Mais une autre donnée est spécifique au contexte français : « Malgré une plus forte fécondité des femmes les moins diplômées, leur poids plus faible dans la population implique que ce sont les femmes bachelières et les femmes diplômées du supérieur qui contribuent le plus à la fécondité », soulignent Emma Davie et Magali Mazuy. Les deux démographes

---

* INSEE, « Âge moyen de la mère à l'accouchement », 14 janvier 2020 [en ligne].

** Voir Emma Davie et Magali Mazuy dans *Population*, vol. 65, n° 3, 2010, p. 475-511 [en ligne].

notent par exemple qu'en France « plus de 43 % des enfants nés en 2008 ont une mère ayant fait des études supérieures, contre 34 % des enfants nés en 2000 ». De fait, je ne compte plus les fois où j'ai entendu parler de jeunes femmes soutenant leur thèse ou participant à un concours de recrutement enceintes jusqu'aux oreilles. Ces récits qui m'auraient paru insolites en Allemagne m'ont signalé que j'avais désormais le choix. C'est un luxe. Et aussi l'une des preuves que les injonctions à la maternité qui minent mon quotidien sont pour une bonne part construites par la société française.

LA FÊTE DES MÈRES

La célébration des mères de famille a été inaugurée aux États-Unis en 1908, avant de gagner la France en 1918 pour promouvoir la natalité. Contrairement à ce qu'on lit parfois, le maréchal Pétain n'a pas inventé l'événement ; mais il en a été l'un des plus ardents promoteurs. Aujourd'hui, on peut apprécier ce genre d'annonces, au fil du mois de mai : « Pour la fête des Mères, –30 % sur nos aspirateurs ! » ; « Un livre de recettes faciles pour la plus belle des mamans » ; « Offrez-lui un soin en institut pour qu'elle puisse enfin souffler ! » – le tout agrémenté de figures de femmes d'une trentaine d'années au grand maximum, au sourire étincelant, à la peau lisse et à la silhouette frétillante. Blondes, en général. La jambe pliée à angle droit, dont l'image revient régulièrement dans ces campagnes publicitaires, m'a toujours fascinée : qui prend cette pose au quotidien ? Nos mères seraient-elles toutes d'anciennes danseuses ?

Quand ma sœur Elsa, un peu trop jeune pour se sentir tout à fait concernée (elle a 28 ans), m'a demandé pourquoi je pestais contre ces slogans qui polluaient l'espace public, j'étais sans doute de mauvais poil; mais les clichés qui bombardaient ma rétine me faisaient aussi penser aux figures de la ménagère pin-up des réclames pour fours ou grille-pains des années 1950. « Nous avons quand même une extraordinaire liberté, que n'ont pas connue des millions d'autres femmes : celle de pouvoir faire l'amour sans tomber enceintes, ai-je répliqué d'un ton solennel. Mais nous sommes cernées par des assignations qui tendent à la restreindre par d'autres manières. »

Le marketing autour de la fête des Mères (bien plus développé que pour son pendant masculin) m'exaspère. Ce qu'écrivait Beauvoir en 1949 sur le « mythe » de la maternité tenue pour la « suprême étape du développement de la femme* » est toujours valide. Son actualité, des décennies

---

* Simone de Beauvoir, *Le Deuxième Sexe I*, Paris, Gallimard, 1949, troisième partie : « Mythes ».

plus tard, n'est que l'un des nombreux indices de cet imaginaire d'une longévité exceptionnelle.

Cette valorisation symbolique, que devient-elle en pratique ? Si les mères étaient les reines du monde du travail en France, les horaires seraient partout plus souples, les salaires des hommes et des femmes seraient toujours équivalents, tel employé ne froncerait pas les sourcils en apprenant la grossesse d'une collègue. Au quotidien, à quoi ressemble-t-il, cet encensement de la maternité ? D'après les témoignages de mes amies, les journées ordinaires sont loin d'être festives. Chez les jeunes mères, les expressions « pas une minute à moi », « courir tout le temps », « fatigue » reviennent le plus souvent ; arrivent ensuite « il faut s'organiser », « difficile de travailler à la maison », puis « baby-sitter » et « mais on a quand même une vie sociale, hein ! » Chez les mères un peu plus âgées de mon entourage, les mots « inquiétude » (plus fréquemment quand il s'agit d'une fille – davantage exposée, de fait, aux risques de harcèlement), « finances » et « études » reviennent en boucle. Je ne sais pas si ma résolution les pousse à me faire davantage part de leurs soucis, mais leur parentalité ne se résume pas au bonheur le plus pur.

Ma décision ne relève pas uniquement d'un rejet des figures marchandisées et caricaturales qui ressurgissent tous les printemps. J'ai conscience qu'il existe sans doute autant de façons d'être mère que de femmes, et je sais que ces clichés publicitaires exaspèrent aussi bon nombre de mes ami·es parents. Mon choix se fond bien plus dans un refus de m'associer à un règne des génitrices dont la puissance d'évocation tient fréquemment du cache-misère, au sein du foyer familial comme du monde professionnel. En pestant contre la fête des Mères, je m'abstiens de participer à une cérémonie hypocrite. En excluant d'en devenir une, je me soustrais à une célébration de façade que la communication de masse est loin d'être la seule à marteler en cadence.

LES POUPÉES

« Il faut que tu aies une poupée pour jouer à la maman avec nous ! »
L'année scolaire a commencé depuis peu : je dois avoir 6 ou 7 ans, peut-être 8. La période est floue dans mes souvenirs, mais le lieu est très net : la cour de récréation de l'école primaire, dans le petit village picard où j'ai grandi. Les pauses sont nombreuses : quand il ne pleut pas, les enfants prennent l'air le matin, le midi après la cantine, et l'après-midi. Les garçons se consacrent souvent à des activités plus mouvementées que les filles, en jouant au toboggan ou au foot, sur le terrain sablonneux du fond de la cour. Les filles les plus sages se contentent de s'exercer à la marelle ou à la corde à sauter non loin des enseignant·es ; d'autres se regroupent dans une maisonnette percée de larges fenêtres, mais un peu plus éloignée des regards inquisiteurs des adultes. Ce sont elles qui m'intéressent : elles sont plus âgées, plus jolies, plus intrigantes que les autres. Je m'approche

timidement de la maison-mystère. Une grande brune m'en barre l'entrée, et je comprends alors que sans poupée, je n'intégrerai pas leur cercle.

Petite, je n'ai jamais apprécié jouer avec des poupons, trop ennuyeux. Rien à voir avec les Barbies, qui permettaient d'inventer des interactions et des aventures – se limitant parfois à des expérimentations capillaires; j'ai découvert le style punk avant même de connaître le mot. Mes parents m'ayant aussi vanté les intérêts du Lego, j'ai abandonné les poupées assez vite. Après avoir été refoulée de la maisonnette par une inflexible vigile, j'ai revendiqué avec dignité mon droit à avoir des poupées *en plus* des briques de Lego. Je n'étais pas assez téméraire pour jouer avec les garçons, et je détestais la corde à sauter: pour être acceptée par les filles qui m'attiraient, il me fallait pouponner.

La situation est aujourd'hui différente dans les crèches et les écoles, où filles et garçons sont davantage encouragés à jouer ensemble que dans les années 1980. La France est loin de s'aligner sur certaines crèches suédoises, qui limitent voire bannissent les référents sexués en favorisant l'emploi de termes ou de jouets neutres, mais l'idée d'occupations et jeux non genrés a commencé à s'y frayer un chemin. De plus en plus de structures et associations françaises dédiées à la petite enfance refusent de distinguer les activités proposées aux filles et aux garçons. Mais cette volonté de lutter contre les stéréotypes dès le plus jeune âge n'est pas la règle partout – on l'a bien vu lors des débats enflammés autour de l'« ABCD de l'égalité », ce dispositif pédagogique expérimental proposé en 2013 par Najat Vallaud-Belkacem pour mettre fin à certaines assignations discutables (les filles seraient automatiquement moins douées pour les matières scientifiques, par exemple). Une collègue me racontait que, parfois, lorsqu'elle allait chercher sa fille à la crèche, elle la retrouvait agitée et pénible, tandis que les garçons avec qui elle avait passé la journée semblaient placides, et suivaient leurs parents sans rechigner. Les garçons avaient couru dehors tout l'après-midi, pour « se dépenser », tandis que les filles s'étaient concentrées sur des activités « plus calmes » – parmi lesquelles, sans surprise, jouer à la maman. « Tant que les filles seront socialisées à la maternité, au rôle de mère, c'est-à-dire socialisées à prendre soin d'autrui, à se rendre disponibles affectivement, psychiquement, matériellement, les enfants – désirés, fantasmés, absents ou présents – resteront une affaire de femmes* », explique bien la sociologue Charlotte Debest. Il est temps que je me débarrasse de mes vieilles poupées.

---

* Charlotte Debest, *Le Choix d'une vie sans enfant*, *op. cit.*

LE FAMEUX INSTINCT MATERNEL

Je viens d'entrer au collège. Le cours d'éducation sexuelle que l'infirmière nous propose est nouveau : il vise à nous expliquer l'importance de la contraception, et à nous détailler les différentes possibilités qui s'offrent à nous pour ne pas « concevoir un enfant sans le vouloir ». À cette époque, YouPorn n'existe pas encore, et l'ambiance est électrique : les filles rient sous cape, les garçons rougissent et se lancent des piques ; nous devenons insupportables. Lassée, l'intervenante finit par renoncer à la démonstration de déroulé de préservatif qu'elle avait prévue, et nous distribue un fascicule avant de s'éclipser. Le mot « clitoris » n'a pas été prononcé une seule fois. Mais ce n'est pas ce qui me frappe le plus quand je repense à cet épisode : si j'en conserve un souvenir si net, c'est qu'il correspond au moment où j'ai compris pour la première fois qu'il était possible de tomber enceinte *sans l'avoir voulu*. On peut ne pas désirer une grossesse, et donc, un bébé, ai-je alors songé. Une question a immédiatement surgi dans ma tête : si un enfant n'est pas désiré avant sa naissance, pourquoi le serait-il après ? À l'époque, personne n'avait encore prononcé devant moi *le* terme censé me clouer le bec : *l'instinct maternel*, réputé pour faire des miracles. Aussi loin que je me souvienne, je n'ai jamais cru à l'existence universelle d'un tel « instinct ». Il me suffisait, je crois, de savoir qu'il existait aussi des mères absentes, froides ou cruelles, comme dans *Vipère au poing*, d'Hervé Bazin, ou *Poil de Carotte*, de Jules Renard, que nous avions étudiés en cours de français.

J'en avais parlé à mes copines de collège. La sœur de l'une d'entre elles, auréolée de sagesse (elle était en troisième), m'avait expliqué que dans la vraie vie, l'intérêt pour l'enfant se développait forcément au moment de sa naissance. Une dizaine d'années plus tard, la première de mes amies à tomber enceinte me l'a confirmé. Quelques mois plus tard, une autre me l'a assuré. Et encore une autre. Puis une autre. Même si je n'y crois guère, je suis bien sûr incapable de valider ma conviction intime par ma propre expérience. C'est là toute la sournoiserie de « l'instinct maternel » : comment savoir s'il se manifestera ou non ?

Cette incertitude rend le phénomène redoutablement puissant. Pourtant, de nombreuses études anthropologiques et sociohistoriques ont souligné le caractère culturellement construit de la notion*, et « l'instinct maternel » a pris du plomb dans l'aile. Mais rares sont encore les voix françaises qui cherchent à déconstruire, ou du moins à nuancer, l'imaginaire qui le sous-tend, dans la lignée assumée de l'autrice du *Deuxième Sexe*. Simone de Beauvoir considérait l'idée que « l'enfant soit la fin suprême de la femme » comme « une affirmation qui a tout juste la valeur d'un slogan publicitaire », avant de s'attaquer à un autre préjugé, selon lequel « l'enfant trouve[rait] un pur bonheur dans les bras maternels » : « Il

---

* Parmi les premières études, en anglais, je pense notamment aux travaux de l'anthropologue américaine Sarah Blaffer Hrdy et de l'historien britannique Lawrence Stone.

n'y a pas de mère "dénaturée" puisque l'amour maternel n'a rien de naturel[*]. » Beauvoir a été jugée égoïste, brutale, masculine, ou encore jalouse, pour ne citer que les critiques les plus polies. Son propos a été par la suite assez peu approfondi, exception faite d'Élisabeth Badinter, dans les années 1980 et plus récemment : en 2010, la philosophe analysait les survivances d'un « naturalisme » faisant de la maternité l'alpha et l'oméga de l'existence féminine[**]. L'anthropologue Françoise Héritier, autre figure connue du grand public, a elle aussi montré que l'instinct maternel n'était pas une donnée biologique, mais une création socioculturelle[***].

---

* Simone de Beauvoir, *Le Deuxième Sexe II*, Paris, Gallimard, 1949, première partie : « Situation ».

** Élisabeth Badinter, *L'Amour en plus*, Paris, Flammarion, 1980 ; *Le Conflit. La femme et la mère*, Paris, Flammarion, 2010.

*** Françoise Héritier, *Masculin/Féminin. La pensée de la différence*, Paris, Odile Jacob, 1996.

Il était temps que les travaux de la sociologue israélienne Orna Donath, qui apparaît dans le documentaire de Colombe Schneck, soient traduits en français. Le résultat de ses recherches fait entendre dans un style accessible « des témoignages encore tabous qui appellent à repenser l'assignation des femmes à devenir mères* » et démentent l'universalité de l'instinct maternel. Il a tout de même fallu attendre 2019 pour que *Le Regret d'être mère* soit publié en France (par les Éditions Odile Jacob), cinq ans après la thèse de doctorat en hébreu dont il est issu. Soit trois ans après sa traduction en allemand et en espagnol, et deux ans après ses traductions anglaise, italienne, polonaise et portugaise. Peut-être Beauvoir était-elle trop sévère lorsqu'elle affirmait qu'« ordinairement, la maternité est un étrange compromis de narcissisme, d'altruisme, de rêve, de sincérité, de mauvaise foi, de dévouement, de cynisme** ». Il n'empêche

* Tiphaine Honnet, entretien avec Orna Donath, *Le Figaro Madame*, 26 novembre 2019 [en ligne].
** Simone de Beauvoir, *Le Deuxième Sexe II*, *op. cit.*

que grâce à l'enquête de Donath, fondée sur les témoignages de vingt-trois femmes israéliennes âgées de 26 à 73 ans, une réalité peut être nommée : on peut faire de son mieux pour s'occuper de ses enfants tout en *regrettant d'être mère*. La plupart des femmes interrogées par la sociologue notent même « la coexistence de l'amour et du regret* », en distinguant « ce qu'elles ne regrettent pas – l'objet de la naissance elle-même, leurs enfants » et « ce qu'elles regrettent – la maternité ». Leurs confidences révèlent surtout une douloureuse déception face à la promesse sociale d'un accomplissement féminin qui irait de pair avec la parentalité. Qu'elles jugent les inconvénients de la maternité supérieurs à ses avantages ou qu'elles associent l'état de mère à « une expérience où elles se sentent incomplètes voire comme traumatisées », ces femmes, à l'image de beaucoup d'autres, témoignent de l'« expérience intime de perdre la vie en donnant la vie ».

---

* Orna Donath, *Le Regret d'être mère*, avec la collab. de Margret Trebbe-Plath, Paris, Odile Jacob, 2019.

Quand j'ai constaté que des mères très différentes pouvaient s'en mordre les doigts sans pour autant se transformer en Thénardier ou en malades mentales, j'ai eu une sorte de déclic : ce dont j'avais toujours eu l'intuition se trouvait confirmé par une étude objective. Je le savais ! Mais personne encore ne me l'avait démontré de façon aussi convaincante, en faisant surgir une évidence qui n'avait jamais été formulée par mon entourage. Cette révélation a joué un rôle dans ma décision. Une telle dédramatisation du regret maternel m'a permis de comprendre qu'il était possible, probable que l'instinct maternel ne se développe *jamais* en moi. Pas la peine d'attendre ni de me sonder en cherchant des indices. Si la parentalité heureuse, qui n'existait déjà plus dans mes rêves, pouvait se transformer en chimère, il était sans doute préférable que je m'oriente vers d'autres figures du bonheur.

TIC-TAC

L'été de mes 18 ans, peu après les résultats du bac, je suis allée aider une amie à emménager à Amiens, où elle s'apprêtait à commencer des études de médecine. Elle s'installait avec son petit copain de l'époque, plus âgé, employé dans une vidéothèque. Leur appartement résultait de la division en deux d'une de ces maisons ouvrières en brique typiques du Nord : il était minuscule, mais comportait quantité de recoins aménageables, ainsi qu'une sorte de placard à balais qui pouvait, avec un peu d'imagination, tenir lieu de seconde chambre. Les bras chargés de cartons de livres et de VHS, légers mais nombreux, je m'agitais entre le camion de déménagement et l'appartement. Mon amie se tenait immobile devant un squelette de bibliothèque, son tournevis Ikea dans une main. Les yeux dans le vague, elle m'a montré le placard à balais au moment où je passais devant elle :
« La petite chambre, elle me donne encore plus envie d'avoir un bébé. Je sais qu'il est trop tôt,

mais, en ce moment, je sens à fond mon horloge biologique… »

J'ai stoppé net, un carton entre les mains : moi, je n'en avais jamais éprouvé la moindre envie. Ni ressenti cette certitude qu'elle m'a ensuite décrite : celle de savoir qu'un jour, des enfants – plusieurs enfants – feront partie de sa vie.

« C'est un truc que tu sens dans tes tripes, tu le sais, c'est tout ! Tu verras, Chloé, ça viendra !

– Je ne suis pas forcément contre, mais je ne sens rien », lui ai-je répondu.

Depuis, mon état d'esprit est resté le même. Mes sensations aussi. Je n'ai jamais entendu aucun tic-tac provenant de mes entrailles.

FAMILLE JE VOUS AIME

Mes souvenirs familiaux sont heureux. Ils contrarient l'idée selon laquelle les femmes qui refusent de devenir mères porteraient un regard mitigé sur leur propre enfance. Dans une étude de psychologie clinique, je lis par exemple que « l'infécondité volontaire » du panel de femmes concernées est liée à « une peur d'être identiques à leur mère ainsi qu'[à] une difficulté à s'imaginer pouvoir être une mère différente d'elle* ». En l'occurrence, l'absence de désir parental est associée à un *problème* familial, dont le champ sémantique se déploie dans nombre d'enquêtes plus ou moins sérieuses consacrées au sujet. L'une des rares romancières françaises à s'être saisie frontalement de la question, Linda Lê, se décrit rétive

* Tamara Delli Gatti et Despina Naziri dans *Dialogue*, vol. 204, n° 2, 2014, p. 11-24 [en ligne].

à l'idée de mettre un nourrisson au monde en convoquant d'emblée son enfance malheureuse*.

Si aucune famille n'est exempte de problèmes, j'ai pour ma part grandi auprès d'une mère aimante sans être étouffante, et d'un père soucieux de l'épanouissement de ses deux filles. C'est en comptant sur l'appui d'une infirmière engagée et d'un professeur des écoles féministe que, au terme de longues études, ma sœur a obtenu un poste d'ingénieure en génie mécanique, et que je suis devenue enseignante-chercheuse à l'université. Ni ma mère ni mon père – et encore moins ma petite sœur – ne m'ont une seule fois demandé quand j'aurais des enfants, ou si la parentalité faisait partie de mes projets : leur attitude a toujours été *neutre* sur la question.

Ils n'ont pas semé d'embûches sur ma route ; je mesure ma chance. Elle me paraît exceptionnelle lorsque je parcours les commentaires des quelques articles grand public en ligne portant

---

* Linda Lê, *À l'enfant que je n'aurai pas*, Paris, NiL, 2011.

sur le non-désir de maternité, ou que je zone dans ces groupes Facebook fédérant des « non-parents par choix ». Les internautes y déplorent régulièrement la pression exercée par leur famille, qu'elle soit proche ou lointaine : à chaque fête de Noël, à chaque mariage, à chaque nouvelle naissance, à chaque anniversaire. Les encouragements familiaux à endosser le rôle de mère et à rentrer dans le rang sont d'une banalité totale ; mais ils m'ont été épargnés.

Il n'empêche qu'une tristesse diffuse me saisit quand je me dis que je ne retrouverai avec personne la relation que j'ai pu développer avec mes parents. Cette émotion sibylline n'est pas bien différente de celle que j'éprouve quand je feuillette de vieux albums de photos, où je me vois gambader avec ma sœur, aussi blonde que je suis brune, dans le jardin familial, la balançoire et le cerisier en toile de fond. C'est peut-être la nostalgie d'une époque à la fois joyeuse et idéalisée, un passé dont je sais bien, au fond de moi, qu'il est révolu. Choisir de ne pas être mère, c'est, je crois, faire un peu le deuil de sa propre enfance.

« ELLE NE VEUT PAS ME DONNER DE PETITS-ENFANTS »

Été 2015. J'ai 30 ans, et passe quelques jours de vacances chez mes parents, dans leur maison picarde. Je suis attablée avec ma mère et l'une de ses amies, en train de boire un café et de déguster les mirabelles que nous venons de récolter. Nous parlons confitures, puis jardinage, puis dévalorisation des filières techniques, puis difficulté des jeunes à trouver un travail aujourd'hui. Toutes deux notent que leurs filles, fonctionnaires, ont de la chance. Mais quelque chose chagrine l'amie de ma mère quand elle pense à sa fille, du même âge que moi, en couple depuis quatre ou cinq ans.
« Ça me rend triste, vous savez : elle ne veut pas me donner de petits-enfants. »
J'avale une mirabelle de travers. Ma mère répond plus ou moins à côté, et nous changeons à nouveau de sujet.

Plus tard, nous en rediscutons, toutes les deux. Ce n'est pas la première fois que j'aborde la question des enfants avec ma mère : je ne sais plus quand je lui ai annoncé que je n'en voulais pas, mais à cette époque, je lui parle régulièrement du choc culturel parentaliste qu'a représenté mon retour en France. Parfois, mon père se joint à la conversation, en fredonnant la chanson de Brassens : « Mais les braves gens n'aiment pas que / L'on suive une autre route qu'eux. »
Ce jour-là, je m'indigne : comment une mère féministe, progressiste, se disant « de gauche », peut-elle s'attrister que sa fille ne conçoive pas son corps comme une machine à engendrer ? Ma mère m'approuve. « Tu sais, ce n'est pas la première fois qu'elle dit cela. »

À ce moment, je n'étais pas encore consciente qu'être ou se dire féministe n'était en rien un gage d'ouverture par rapport à la norme de la maternité. Je n'avais pas encore non plus tout à fait saisi qu'il n'était nul besoin d'être « de droite » pour idéaliser la transmission familiale. C'est surtout cela, je pense, que trahissait le discours de l'amie de ma mère : la désolation de ne rien pouvoir transmettre à des petits-enfants. C'est peut-être un peu de cette douleur-là que j'éprouve quand je contemple mes vieilles photos de famille.

Cette aspiration à la transmission résonne de manière différente à l'heure où les femmes sont de plus en plus nombreuses à travailler, et à créer des formes de relais qui débordent le domaine familial. C'est mon cas : j'enseigne depuis l'âge de 23 ans environ, et j'ai toujours adoré cela. Les élèves et étudiant·es m'ont sauvée des lourdeurs et incohérences de ces deux grosses machines insuffisamment entretenues que sont l'Éducation nationale et l'Enseignement supérieur. Les classes sont trop remplies, les postes de titulaires trop rares, les charges administratives n'ont jamais été aussi lourdes, nos ministres ne nous ont sans doute jamais si peu respecté·es ; mais quand je suis face à mes étudiant·es, je retrouve le sens de mon métier : le partage de connaissances, mais aussi d'expériences et de conseils qui ne se limitent pas à des compétences au service de la productivité de la nation. Les humanités permettent précisément cela. Combien de temps mon entrain perdurera-t-il ? Pour l'heure, mon enthousiasme est encore solide, et après plusieurs mois d'enseignement à distance, à cause du Covid, la rentrée 2020 m'a fait encore plus réaliser à quel point j'aimais être en contact avec des étudiant·es en chair et en os, pour construire, dialoguer, évoluer. Me sentir vraiment utile, certains jours. C'est alors une joie intense, une satisfaction qui me comble.

Pourquoi la transmission passerait-elle exclusivement, ou réussirait-elle mieux, par les liens du sang ? Simone de Beauvoir observait dès 1949 que la mère « ne fait pas vraiment l'enfant » mais que ce dernier « se fait en elle » – avant de poursuivre, plus incisive : « La mère peut avoir *ses* raisons de vouloir un enfant, mais elle ne saurait donner à *cet* autre qui va être demain ses propres raisons d'être ; elle l'engendre dans la généralité de son corps, non dans la singularité de son existence*. »

---

* Simone de Beauvoir, *Le Deuxième Sexe II*, *op. cit.*

Merci, chère Simone de Beauvoir, ces écrits m'ont aidée à gagner en clairvoyance, à atténuer la mélancolie qui m'inonde, parfois, à l'idée que je ne pourrai rien offrir à une progéniture issue de ma chair et de mon sang.

Autour de moi, l'ambition d'avoir des enfants pour leur léguer un héritage spirituel (plus que financier) est fréquente. Sans doute est-ce lié au nombre assez élevé de professions intellectuelles (et ne roulant pas vraiment sur l'or) dans mon entourage. Mais l'idéalisation de cette volonté de partage ne va pas sans difficultés : « Vivre par procuration, c'est toujours un expédient précaire* », notait Beauvoir. « Les choses peuvent ne pas tourner comme on avait souhaité. Il arrive [...] que le fils ne soit qu'un propre à rien, un voyou, un raté, un fruit sec, un ingrat » : l'énumération finale, trop longue pour ne pas être un peu ironique, vient adoucir le début de sa déclaration. La parentalité est bien souvent composée d'un

* Simone de Beauvoir, *Le Deuxième Sexe II*, *op. cit.*, première partie : « Situation ».

mélange de haute estime de soi et d'abnégation confiante que je ne souhaite pas assumer, auquel je refuse de me résigner.

Et puis, comme tout le monde, j'ai plusieurs exemples de transmissions problématiques à ma disposition. L'un des plus manifestes concerne le rapport des parents que je fréquente à l'École publique, dont traite de manière plutôt réaliste le film *La Lutte des classes* (2019) de Michel Leclerc. À l'instar des personnages joués par Édouard Baer et Leïla Bekhti, divers parents athées et/ou laïques, égalitaristes et/ou se disant « de gauche », choisissent autour de moi d'inscrire leurs enfants dans des établissements privés religieux, généralement catholiques. Ils invoquent dans ce cas des conditions « mauvaises » dans les établissements publics de leur zone d'habitation, où la mixité sociale n'est pas toujours de mise, refusée par d'autres familles avant eux. J'ai enseigné le français dans un établissement dit en « zone sensible », et je sais ce que vit un·e élève qui se retrouve dans une classe surchargée, turbulente, et pas toujours très tolérante. Si j'avais des enfants, je me résoudrais peut-être à les inscrire dans le privé. Mais je suis heureuse de ne pas devoir envisager ce pis-aller – qui représenterait à mes yeux une transmission manquée.

FATIGUE DE NOËL

Depuis l'âge de mes 18 ans, j'ai l'habitude, fin décembre, de retourner dans ma Picardie natale. J'y retrouve mes ami·es de lycée au cours de soirées rituelles, qui nous donnent l'occasion de nous revoir tous les ans, entre deux repas de famille. Ces cinq dernières années, un étrange phénomène se produit : les lieux où nous nous réunissons s'agrandissent à mesure que les enfants se multiplient. Je suis à chaque fois touchée de retrouver celles et ceux avec qui j'ai grandi, et que je considère à présent comme des sortes de cousins de cœur sur qui je pourrai toujours compter ; mais le nombre croissant d'enfants présents à ces soirées, qui rendent l'attention fluctuante et certaines discussions plombantes, provoque en moi une fatigue tout à fait spécifique, mêlant ennui, mollesse et découragement.

Ce qui m'épuise, c'est la conjugaison d'enfants qui fourmillent, agités et bruyants, et de ces conversations presque inévitables où l'on n'a plus que bébés et parentalité à la bouche. Et là, subrepticement, au détour d'une phrase anodine, une amie ou une connaissance a l'idée de demander quand viendra mon tour. C'est presque systématique. Dans cet implacable scénario, je ne peux m'empêcher de douter. J'ai alors l'impression de perdre mes facultés d'analyse et de me faire piéger par tous ces clichés qui m'agacent pourtant en temps normal, et qui se trouvent assez bien résumés dans les publicités pour Ricoré des années 1980 et 1990 : l'association de la vie familiale à des images de bonheur, de chaleur et d'harmonie, le signal à peine voilé qu'être mère d'un garçon *et* d'une fille est le sommet du bonheur, la petite musique qu'on trouve nunuche mais qu'on sifflote quand même. Variante, pour agrémenter ce tableau : la chanson « Un enfant de toi » de Phil Barney, qu'écoutaient en boucle certaines de mes amies quand j'étais au lycée – à l'époque, elle était déjà vieillotte. Une publicité bien connue et un ancien tube du Top 50 : quand je doute, je cède à des discours dominants, qui m'ont été serinés dès la cour de récréation.

Même si je suis aujourd'hui sûre de mon choix, ce doute ne m'a jamais totalement quittée. Il s'atténue, parfois. J'ai appris à anticiper les moments où il survient, et je les limite. Je suis devenue une experte pour éviter certains désagréments (ne pas m'asseoir à côté du groupe de jeunes mères ; plutôt discuter avec les hommes ; parler avec des personnes que je connais peu, moins susceptibles de me questionner) ; ou je les prends presque comme un jeu, lançant des paris avec moi-même sur l'instant où l'on me vantera le bonheur d'être ce que je ne suis pas. La situation est un peu moins navrante quand d'autres femmes sans enfant sont de la partie – ce qui continue quand même à se produire, de temps à autre : après nous être mises à l'écart en partageant notre lassitude des conversations alentour, nous pouvons alors trinquer à notre tranquillité, à notre bonne mine, à notre vie sociale épanouie. Avec la vague impression d'être des résistantes sans l'avoir vraiment cherché.

LA VISITE À LA JEUNE MÈRE

Ma mère m'a toujours présenté ses deux accouchements comme les plus beaux jours de sa vie. (Deux accouchements sans péridurale : cette déclaration est-elle bien fiable ?) Selon ses dires, ses filles sont en tout cas « ses plus belles réussites ». Je crois volontiers que l'expérience de la maternité peut apporter beaucoup. Je suis parfois ravie de partager une partie du quotidien de mes ami·es et de leurs enfants, que j'apprécie en fonction de leur gentillesse et de leur personnalité. Je me défends toutefois d'affirmer que j'aime les enfants *en général* : un enfant peut être adorable et étonnant comme il peut être pénible et stupide, le basculement de l'un à l'autre ne prenant parfois que quelques secondes. Quoi qu'il en soit, les enfants de mes proches nécessitent une attention dévorante.

Il y a trois ou quatre ans, j'ai rendu visite à une amie qui venait d'accoucher ; celle-ci était déjà mère d'un petit garçon de 3 ans. J'ai été heureuse de la revoir, son bébé endormi posé sur sa poitrine. Quand a surgi son fils aîné – un magnifique blondinet, qui a commencé par me dire plusieurs fois que j'étais belle, les yeux brillants –, toute notre attention s'est trouvée accaparée par ce petit être possessif, qui n'avait pas l'air de bien supporter que sa mère lui consacre moins de temps. Je suis restée trois heures, mais je n'ai pas pu savoir comment allait *vraiment* mon amie, alors que j'étais venue pour prendre de ses nouvelles, à *elle*. Ce n'est pas grave, mais c'est dommage. Et assez fréquent. Les visites que je rends à mes amis pères et mères de famille sont, du coup, généralement courtes, et je rechigne à jouer le rôle de baby-sitter trop souvent.

Dans la mesure où je ne rejette pas en bloc les enfants, et où j'éprouve même un certain plaisir à les fréquenter *de temps en temps*, il peut paraître étonnant que je ne veuille pas pousser plus loin l'expérience. L'idée de devenir mère ne me captivait déjà pas beaucoup il y a dix ans ; je constate qu'elle m'intéresse de moins en moins.

Plus les années passent, et plus mes projets prennent d'autres directions. J'apprécie de plus en plus d'apprendre de nouvelles langues : après l'allemand, l'anglais, l'espagnol et le portugais, j'aimerais me mettre au russe ou au chinois ; mon avenir, je ne le vois pas polyparental, mais polyglotte. J'aimerais aussi diversifier mes expériences de traductrice, que j'ai développées en travaillant sur des ouvrages universitaires ; me risquer à la traduction de textes littéraires, autre activité de transmission à la fois exigeante, passionnante et indispensable. Je ne sais pas quand je parviendrai à faire tout cela, mais une chose est sûre : mes curiosités et mes plaisirs ne sont clairement pas orientés vers le désir d'enfant. Je pourrais aussi préciser que j'aime la course, la salsa, les peintres flamands et surréalistes et le vin de Bourgogne ; que je me rends une fois par an à Bruxelles pour me gaver de gaufres, de frites et de bière brune ; que je me suis récemment mise à cuisiner ; que j'ai plaisir à prendre soin de mon corps et, plus encore, à ce qu'un autre le fasse vibrer, etc.

Pourtant, à chaque visite parentale ou presque, on me demande quand je tenterai l'expérience. Ma décision ne suffit pas à faire s'évaporer le doute qui ressurgit alors, et dont j'ai l'impression que je ne réussirai jamais à me départir entièrement ; un doute que je ressens comme une violence que j'accepte de subir, ne parvenant jamais tout à fait à le faire taire, à m'en détacher, à m'en protéger. Je suis persuadée qu'un peu plus d'empathie de la part de mes proches réduirait grandement la fréquence de mon trouble et de ma lassitude.

JE NE SERAI JAMAIS UNE « MÈRE-POULE »

Il y a quelques années, la découverte d'un essai au détour de la librairie des Éditions des femmes a contribué à dessiller mon regard et éclairer mon choix. *Backlash* est signé par Susan Faludi, journaliste et penseuse féministe née à New York. Elle y montre que, depuis le début des années 1980, les États-Unis subissent « une puissante contre-offensive pour annihiler les droits des femmes, [...] une tentative délibérée de reprendre la maigre poignée d'acquis que le mouvement féministe a obtenu de haute lutte* ». Faludi résume la chose en une sorte d'allégorie qui m'avait parlé : « Il s'agit d'une manœuvre sournoise qui ressemble au Grand Mensonge version opéra rock

* Susan Faludi, *Backlash. La guerre froide contre les femmes*, Paris, Éditions des femmes-Antoinette Fouque, 1993.

populaire : la Vérité en personne, drapée de probité candide et de lin blanc, se met à proclamer haut et fort que le chemin qui conduit les femmes vers les sommets ne fait que les précipiter, en réalité, au fond de l'abîme. »
La journaliste associe ensuite le phénomène à un ensemble d'« injonctions », de « flatteries », de « murmures », de « menaces » et d'« affabulations » dont la visée serait la même : « obliger les femmes à revenir à leur rôle "acceptable" de fille à papa, de papillon romantique, de mère poule ou d'objet sexuel ». Afin d'éviter, me disais-je, que les hommes ne se sentent rapetissés, à l'image du protagoniste du film de Jack Arnold, *The Incredible Shrinking Man* (1957), qui rétrécit sous les yeux des spectateurs après avoir traversé un mystérieux brouillard.

C'est à tous ces rôles *en même temps* que cette dynamique rétrograde nous assigne. Publié en 1991 en anglais, *Backlash* reste par certains aspects d'une actualité criante. J'y ai songé en découvrant la tribune parue en janvier 2018 dans *Le Monde*, à la suite de l'amplification du mouvement #MeToo – tribune signée par une centaine de femmes défendant la « liberté d'importuner* ». J'ai été frappée par la formule suivante : « Une femme peut, dans la même journée, diriger une équipe professionnelle et jouir d'être l'objet sexuel d'un homme. » Une parfaite illustration du *backlash*. On peut aimer se faire pénétrer et rester un sujet, non ?

Aujourd'hui, si j'ose affirmer que je ne veux pas devenir mère, c'est en partie pour me protéger de ce retour de bâton. Impossible de prétendre que je n'ai jamais été considérée comme une « fille à papa », un « papillon romantique » ou un « objet sexuel » ; comment savoir ce qui se joue derrière tous les regards auxquels on s'expose, jour après jour ? Mais personne n'a pu voir en moi une « mère poule » focalisée sur sa progéniture. C'est déjà ça ! En me gardant de céder à l'impératif de la maternité, j'échappe au moins à

---

* Sarah Chiche, Catherine Millet, Catherine Robbe-Grillet *et al.*, « Nous défendons une liberté d'importuner, indispensable à la liberté sexuelle », *Le Monde*, 9 janvier 2018.

une assignation. Ma réussite personnelle se fond dans la victoire collective de toutes celles qui ont fait le même choix que moi. Nos chemins sont divers ; de nos pas singuliers, parcourons-les à notre allure. Mais ne baissons plus la tête.

UN ENFANT QUAND ON VEUT, MAIS PAS SI ON VEUT

Le manque criant de considération à l'égard de ma décision ne varie pas vraiment selon le « degré de féminisme » de mes interlocutrices. Les plus féministes d'entre elles ne s'acharnent pas moins à me faire changer d'avis. En remontant un peu en arrière, j'ai constaté que la période foisonnante du Mouvement de libération des femmes n'avait pas fait du non-désir de maternité une priorité. Les intellectuelles et artistes françaises engagées dans le combat féministe étaient alors occupées à lutter pour la reconnaissance du droit à l'avortement. En défendant cette liberté fondamentale, elles ont œuvré à ce que les femmes puissent avoir un enfant *quand* elles le voulaient. Elles ont accordé moins d'importance à l'autre partie du slogan qui s'affichait alors sur les pancartes : « Un enfant quand je veux, *si* je veux ». Cette revendication parallèle a été minorée, mise de côté. Insuffisamment défendue.

Historienne des mères et de la maternité active dans les années 1970 aux côtés de Julia Kristeva et Antoinette Fouque, Yvonne Knibiehler résume la situation à sa façon : « L'essentiel était de permettre aux femmes de devenir mère à leur gré. Et elles ont rendu un immense service en obtenant la liberté de la contraception et de l'avortement. Mais elles ont, du coup, négligé l'autre aspect » : « l'épanouissement par la maternité et par la relation à l'enfant »*. En France, Knibiehler est l'une des rares chercheuses féministes de renom qui travaillent sur la maternité depuis une quarantaine d'années. Pourtant, elle n'a jamais vraiment considéré le refus de devenir mère, ce dont témoigne une autre de ses déclarations : « Être ensemble, avec un mari amoureux, avec un petit enfant bien portant et souriant, c'est un

---

* Marlaine Cacouault-Bitaud et Marion Paoletti, entretien avec Yvonne Knibiehler dans *Travail, genre et sociétés*, vol. 2, n° 30, 2013, p. 5-27 [en ligne].

sommet de bonheur affectif qu'on ne retrouve nulle part ailleurs. Donc, considérer la maternité comme une aliénation, c'est mutiler le féminin d'une manière regrettable. »

Une telle prise de position s'inscrit sans doute dans une volonté plus ancienne de se distinguer de Beauvoir et des féministes dites « universalistes », qui s'opposent à l'idée d'une identité féminine « naturelle ». Mais elle révèle aussi les lacunes au sein des études et mouvements féministes quant au non-désir qui est le mien. Cette omission tient moins à une absence totale de réflexion qu'à un manque de dialogue, que n'arrange pas la faible résonance des études sur le sujet. Pour preuve, le statut presque confidentiel des travaux d'Édith Vallée sur le « choix de non-maternité » : publiés au début des années 1980, réédités vingt ans plus tard, ils restent pourtant méconnus*. J'ai prononcé son nom devant plusieurs collègues spécialisées en études de genre : à

* Édith Vallée, *Pas d'enfant, dit-elle… Les refus de la maternité* [Tierce, 1981], Paris, Imago, 2005.

chaque fois, la psychologue féministe était inconnue au bataillon.

Les féministes françaises ne sont pas les seules à se méfier de celles qui ne se plient pas aux sommations parentalistes. Les préjugés n'ont pas de frontières : l'essayiste Mona Chollet note à juste titre que « même une féministe comme Erica Jong » n'est pas épargnée par certains présupposés sur ses semblables. Au début des années 1990, cette figure importante du féminisme états-unien accusait sa consœur Gloria Steinem, célibataire et sans enfant, de mépriser les féministes ayant fait le choix de se marier et de devenir mères, comme Betty Friedan*. Pourtant, souligne Chollet, « s'il fallait trouver des traces de mépris, de haine et d'amertume dans cette histoire, ce serait plutôt chez Betty Friedan, qui accusait Gloria Steinem de décrédibiliser le

* Erica Jong, *La Peur de l'âge*, 1994, cité par Mona Chollet dans *Sorcières. La puissance invaincue des femmes*, Paris, La Découverte, 2018.

mouvement en y amenant des gourgandines, des pauvresses et des lesbiennes* ».

Avoir en tête ce contexte idéologique me permet de mieux comprendre mes difficultés à me défendre. Plus de soixante-dix ans après la parution du *Deuxième Sexe*, la liberté des femmes à s'autodéterminer pose toujours problème, y compris chez celles qui la revendiquent avec le plus de conviction.

---

* Mona Chollet, *Sorcières*, *op. cit.*

« APRÈS 35 ANS, ÇA DEVIENT DIFFICILE »

À 32 ans, j'ai pris rendez-vous chez une gynécologue pour un examen de contrôle. J'avais la vague intention de me renseigner sur la stérilisation. Au moment de me malaxer la poitrine, la doctoresse, femme un peu sèche d'une cinquantaine d'années, a proclamé :
« Bon, tout a l'air de bien aller, mais il ne faudra pas prendre la pilule trop longtemps si vous voulez devenir mère. »
Je n'ai eu que le courage de répliquer un faible « Ah bon ? », sans m'attendre à la déclaration sévère qui devait suivre :
« Après 35 ans, ça devient difficile, et ce n'est pas conseillé. Toutes les études sérieuses le disent. »
J'avais déjà lu le chapitre que Susan Faludi consacre à la prétendue « épidémie d'infécondité » ayant sévi aux États-Unis et en Europe à la suite de la parution d'études loufoques sur la fertilité

féminine*. Mais je n'ai pas eu la force de me lancer dans un débat scientifique avec cette femme qui s'adressait à moi sur un ton à la fois condescendant et culpabilisant. J'ai été gênée à double titre : embarrassée par la situation pénible dans laquelle je me trouvais – soumise à une leçon de « bonne conduite biologique » alors que j'étais nue sur une table d'examen – et entravée dans ma volonté de me renseigner sur les démarches à suivre pour se faire ligaturer les trompes.

Je n'ai plus jamais osé aborder le sujet de la stérilisation avec un·e autre gynécologue. D'autres Françaises plus téméraires l'ont fait : de 1983 à 2013, elles sont en moyenne un peu plus de 5 % à avoir été opérées**. Mais toutes les femmes ne vont pas jusqu'au bout de la démarche, confrontées à une gêne bien plus massive que celle que j'ai endurée, ce jour-là. Je n'ai pas trouvé de chiffres sur les interruptions du processus de stérilisation ;

---

* Susan Faludi, *Backlash*, *op. cit.*, première partie.

** INED, « Contraception », mai 2018 [en ligne]. Le chiffre concerne un panel de femmes âgées de 18 à 44 ans.

en revanche, il est notoire qu'une jeune femme souhaitant se faire ligaturer les trompes doit affronter un parcours médical semé d'obstacles, d'entraves institutionnelles dont je n'ai eu qu'un bref aperçu : les témoignages sont unanimes. Et plus la patiente est jeune, plus les réticences sont fortes.

Pourtant, la loi de 2001 relative à l'interruption volontaire de grossesse et à la contraception autorise clairement les femmes de moins de 40 ans à se faire stériliser. Pour toutes les Françaises, l'acte chirurgical est en partie remboursé par la Sécurité sociale au titre de la contraception*. Empêcher une femme de mon âge de se faire stériliser relève donc d'une intention inacceptable de s'opposer à un choix prévu dans le droit. Mais comme le note le médecin responsable de la consultation d'éthique de la clinique Jules-Verne de Nantes, « le poids du patriarcat médical et religieux pèse

* Olivier Quentin, « Nantes : Ces jeunes femmes qui se font stériliser », francetvinfo.fr, 19 décembre 2019 [en ligne].

et fait que les soignants ont des hésitations » – les soignants, ainsi que les soignant*es*.

Enfin, me suis-je dit quand j'ai vu apparaître sur un présentoir de librairie le nom de Camille Bonvalet, et son premier roman, paru en 2020 : *Échographie du vide* narre le parcours d'une femme de 28 ans souhaitant se faire stériliser. Enfin, une jeune écrivaine abordait le sujet en mettant en scène un personnage en âge de procréer, dans une fiction grand public.
Emmanuelle se rend d'abord chez une gynécologue qui lui rappelle que « des femmes se sont battues pour la pilule », avant de consentir à lui poser un stérilet*. Tout vaut mieux que de prendre en considération la volonté réfléchie de sa patiente de se faire ligaturer les trompes : « Une telle opération, à 28 ans, sérieusement, ce n'est pas rationnel, comme choix », déclare la doctoresse, avant de conclure : « Ça va aller, mademoiselle ! Moi aussi, à votre âge, j'étais

---

* Camille Bonvalet, *Échographie du vide*, Paris, Autrement, 2020.

radicale ! J'ai même fait partie du PCF, pour vous dire ! » La stérilisation étant « une sorte de Graal qu'on obtient uniquement par relations », la jeune femme doit passer par divers intermédiaires avant de rencontrer un praticien qui accepte de l'opérer, sans pour autant lui cacher ses réserves. À la fin du roman, Emmanuelle est parvenue à imposer sa décision. Mais, dans la réalité, comment faire quand on ne bénéficie ni du temps ni des réseaux nécessaires ?

« MAINTENANT QUE TU ES CASÉE... »

J'étais à l'enterrement de vie de jeune fille d'une amie, il y a un peu plus de deux ans. Nous avions loué une maison de vacances sur la côte normande, pour y passer le week-end. Le tir m'a atteinte alors que nous étions en train de préparer un saladier de punch, à trois ou quatre autour de la table, tandis que la porte s'ouvrait régulièrement sur de nouvelles arrivantes, faisant entrer les rires et les gouttes de pluie de mars.
« Maintenant que tu es casée et tranquille, Chloé, qu'est-ce que tu attends pour te lancer ? Ce ne serait pas le moment de nous faire un petit bébé ? »
La salve provenait d'une amie de lycée. Mère de famille, bien sûr. Je n'ai pas été prise au dépourvu, mais, sur le coup, je n'ai trouvé aucune repartie.
« Ah, désolée, mais je dois urgemment mettre une écharpe ! »

Rires autour de la table. Les filles ont compris que je ne répondrais pas et ont changé de sujet. Je fulminais, mais ce n'était pas le moment de lancer un débat, me suis-je dit : la future mariée allait arriver dans quelques minutes, et il fallait finir d'éplucher les fruits pour le punch.

Peu de temps après ce week-end, je me suis séparée de l'homme avec qui je vivais alors. À cette période, je passais tous mes printemps à espérer qu'un poste correspondant à mon profil s'ouvre à l'université. Je travaillais le week-end et pendant les vacances scolaires, afin de prouver que j'étais capable de faire de la recherche tout en enseignant dans le secondaire. « Casée et tranquille », je ne l'étais donc pas vraiment ; j'en donnais peut-être l'impression, de l'extérieur. Sauf que les amies de longue date sont censées vous connaître, non ?
Parce que j'avais « réussi » (à être titularisée) et m'étais engagée dans une relation qui donnait l'air d'être à peu près stable, je pouvais à présent « me lancer » dans la vie de famille ! Alors que j'ai fait des études de lettres, discipline que

l'on sait peu rentable, et que j'avais déjà signalé à plusieurs reprises que je n'avais nulle intention de fonder un foyer, ma vie restait gouvernée, aux yeux de cette amie, par un modèle entrepreneurial et familial traditionnel. Que je le veuille ou non.

D'une génération à l'autre, les normes françaises n'ont finalement pas beaucoup changé. Le statut symbolique du mariage en est un bon exemple : l'extension du droit de se marier aux couples homosexuels est, bien sûr, un progrès dans l'égalité. Mais quand je vois que cette évolution est considérée par beaucoup de mes proches comme un signe d'émancipation sociale, j'y décèle aussi un conformisme que je ne trouve guère enviable. La triade mariage-enfant-maison n'a jamais fait partie de mes fantasmes. À mes yeux, le pacs, dont j'ai fait l'expérience, a l'avantage d'être délesté de la lourdeur symbolique et administrative que j'associe au mariage : pensé comme un contrat unissant un couple, il n'intègre pas la famille composée de parents et d'enfants. Je n'ai pas pour autant l'impression de chercher à être une rebelle. Si mon refus de fonder un foyer est un anticonformisme, c'est surtout en raison de la rigidité persistante des cadres sociaux et symboliques de la société dans laquelle je vis.

LA CHARGE MATERNELLE

Un colloque universitaire que j'ai coorganisé à Paris vient tout juste de se terminer. Nous sommes fin 2018, et je m'achemine vers le Quartier latin en compagnie de quelques collègues français·es et de nos invité·es britanniques et allemand·es, sous une fine pluie d'automne. Comme toujours, les échanges se prolongent au-delà de l'horaire prévu ; les universitaires sont bavards. Comme d'habitude, la salle s'est vidée, entre dix-sept et dix-huit heures, de ses participantes âgées de 30 à 45 ans. Comme souvent, le petit groupe qui restait s'est fait rappeler à l'ordre par un concierge chargé de fermer les lieux, et s'est décidé à poursuivre autour d'une bière, d'un verre de vin ou d'un citron pressé. Cette soirée ne déroge pas à la règle : je suis la seule femme trentenaire du groupe.

L'ambiance se détend, de futures collaborations se nouent. Les cerveaux et les ordinateurs des jeunes femmes qui ont participé au colloque foisonnent aussi de projets intéressants, je le sais; pourtant, ce sont elles qui sont rentrées à la maison s'occuper de leurs enfants. Et du foyer: selon l'Observatoire des inégalités, les Françaises assurent seules 80 % des tâches ménagères, pourcentage qui semble au point mort depuis 2003. Mais le déséquilibre s'aggrave quand il existe des enfants dans la famille*, car c'est sur les femmes que reposent en majorité certaines charges parentales: plus d'une fois sur deux, c'est la mère qui reste à la maison quand l'un des rejetons est malade, qui habille ses enfants ou vérifie qu'ils sont habillés, et qui les aide à faire leurs devoirs**. En dégustant mon demi de bière, je me suis dit que l'égalité professionnelle était un peu moins compliquée pour moi: sans enfant, je peux continuer à jouer dans la cour de ceux qui se retrouvent en soirée, pendant que leurs compagnes s'occupent de leur progéniture.

---

* Arnaud Régnier-Loilier dans INED, *Population et Sociétés*, n° 461, novembre 2009 [en ligne].

** Clara Champagne, Ariane Pailhé et Anne Solaz dans *Économie et Statistique*, nos 478-480, 2015, p. 209-242 [en ligne].

Sans enfant, je me soustrais à un ensemble de contraintes qui affectent avant tout les femmes. J'en ai entendu parler plusieurs mois seulement après le colloque. Le titre *Lâchez-nous l'utérus !* me faisait de l'œil dans la librairie d'une gare RER, où le livre reposait à côté d'un magazine féminin dont la couverture vantait l'intérêt d'avoir un périnée tonique. Debout dans un wagon bondé, j'ai commencé à parcourir l'essai : son autrice, la journaliste Fiona Schmidt, y définit la « charge maternelle » comme la « somme des préjugés intégrés dès l'enfance présentant la maternité désirée, radieuse et bienveillante comme la norme et la part non négociable de l'identité féminine, et le seul *lifegoal* qui vaille* ». La notion entre aussi en dialogue avec la « charge mentale », popularisée par l'illustratrice Emma et relayée par la journaliste et essayiste Titiou Lecoq, qui estime que « le combat féministe se gagne devant le panier de

* Fiona Schmidt, *Lâchez-nous l'utérus ! En finir avec la charge maternelle*, Paris, Hachette, 2020.

linge sale »[*] : dans un cas comme dans l'autre, il s'agit de pointer des responsabilités, des difficultés et des tâches grevant surtout le quotidien des femmes.

Pour les décrire, Fiona Schmidt s'est fondée sur les témoignages fournis par un panel conséquent de femmes : celles qui se sont exprimées sur son compte Instagram, intitulé « bordel.de.meres ». Grâce à un nombre de voix qui représenterait « plusieurs milliers » de femmes francophones, le compte bouscule sans détour les conceptions idylliques de la maternité. En surfant sur Instagram, j'ai constaté que ces témoignages évoquaient, pêle-mêle, le manque de sommeil pendant plusieurs années ; les douleurs provoquées par la cicatrisation d'une césarienne ou d'une épisiotomie ; la difficulté à retrouver une sexualité accomplie ; les injonctions à maigrir vite ; l'absence de plaisir à s'occuper de son enfant. Des femmes mentionnent aussi la complexité, dans certaines zones urbaines, de trouver

---

* Emma, *Un autre regard,* Paris, Massot Éditions, 2017 ; Titiou Lecoq, *Libérées !*, Paris, Fayard, 2017.

une crèche ; les maladies à répétition attrapées à l'école ; les anniversaires à organiser, avec une horde d'enfants surexcités qu'il faut occuper ; le stress de Noël, de la rentrée scolaire, des vacances à planifier ; l'inquiétude chevillée au corps quand un·e ado est de sortie ; les bulletins scolaires à surveiller ; la logistique des activités périscolaires ; l'impératif de garantir la meilleure éducation possible à sa progéniture, etc., etc., etc. Certains témoignages soulignent que ces difficultés sont communes au couple. Mais comme souvent, ce sont surtout les femmes qui se retrouvent en première ligne. Et pendant qu'elles s'occupent du dîner ou du bain de leurs rejetons, elles ne participent pas aux apéros et aux rencontres informelles où se font les carrières et se dessinent les ascensions.

LA HANTISE DES RECRUTEURS

Il suffit d'entrer dans n'importe quelle librairie (l'un de mes hobbies) pour constater la prolifération des guides de développement personnel et professionnel. De plus en plus, leurs couvertures comportent les mots-clés « féminité » et « performance » – ou leurs variantes : « à la conquête de l'entreprise », « devenir une dirigeante charismatique », « déployer ses *soft skills* au féminin ». Au dos de l'une d'elles, j'ai pu lire : « Si vous ne voulez pas d'enfant, ne culpabilisez pas : votre manager vous en remerciera, et vous serez plus productive ! » Ou comment remplacer l'injonction à se reproduire par une injonction à produire.

Je m'y conforme assez bien, en réalité : je fais des heures supplémentaires, je publie beaucoup ; je suis, de manière générale, très investie dans mon travail. Trop, peut-être. Je ne pourrais pas l'être autant si je devais m'occuper de ma progéniture, c'est évident. Mais je m'en sortirais, comme la plupart des femmes de mon entourage. En bonne élève, je ferais de mon mieux pour assumer cette double responsabilité qui est le lot quotidien des mères actives, avec l'aide d'un compagnon féministe.

Moi non plus, je n'aurais pas supporté d'entendre un universitaire d'un certain âge susurrer à l'oreille d'un autre, au moment de sélectionner un·e futur·e collègue : « Elle est bien mais elle est en âge d'avoir des enfants, non ? Comment veux-tu qu'elle soit une vraie maître de conf' si elle n'est jamais là ! » Cette remarque, une amie enseignante-chercheuse l'a saisie au vol, pendant la réunion d'un comité de recrutement. Avant qu'elle ne puisse protester, la candidate suivante est entrée dans la salle, enceinte jusqu'aux oreilles. Les deux compères se sont souri d'un air entendu. C'est finalement un homme qui a obtenu le poste.

À formations et compétences équivalentes, les hommes échappent à une suspicion qui plane

telle une épée de Damoclès au-dessus de la tête des jeunes femmes : la possibilité qu'elles tombent enceintes. La première grossesse passée, vient l'obsession des absences en soirée à cause des enfants à récupérer, des absences causées par un enfant malade, des absences qu'entraînerait une autre grossesse. Le risque effrayant d'une baisse générale de performance. Même quand ces femmes arrivent les premières au bureau.
Les jeunes pères de mon entourage ont beau s'investir de toute leur énergie dans leur vie de famille, ils restent, à l'image de leurs semblables, préservés de ces soupçons auprès de leurs employeurs*. Un ami trentenaire me racontait son entretien d'embauche : « J'ai dû faire bonne impression en disant que j'avais des enfants, car il a noté d'un air satisfait que j'étais visiblement quelqu'un de responsable. » Ça, je ne l'ai jamais entendu dans la bouche d'une seule mère de famille. En renonçant à devenir mère, j'échappe

* Pour une synthèse des chiffres récents, voir Clémentine Maligorne, « Au travail, les mères restent plus pénalisées que les pères », *Le Figaro*, 22 février 2019 [en ligne].

en partie à une défiance du monde professionnel qui pénalise surtout les femmes. Pas totalement : je suis encore en âge d'avoir des enfants, et je n'ai pas annoncé ma décision au moment d'être recrutée.

INFANTILISATION

J'ai appris récemment que je ne faisais pas partie du monde des adultes. Il y a un peu moins d'un an, je rendais visite à un couple d'amis tout juste parents. Alors que le nourrisson était tranquillement allongé dans son petit siège et ne demandait rien à personne, sa mère m'a suggéré de le prendre dans mes bras. Je n'y tenais pas spécialement, mais j'ai accepté, pour lui faire plaisir. J'ai essayé de faire au mieux. Et là, mon amie a murmuré à son compagnon au visage creusé par la fatigue, d'un air à la fois attendri et moqueur, assez distinctement pour que je l'entende :
« On dirait ta nièce, avec ses petits gestes hésitants. »
La nièce était sur le point de fêter ses 6 ans.

À aucun moment cette amie chère ne s'est demandé si je voulais prendre son bébé dans mes bras ; mais quand je me suis exécutée, elle m'a signifié que je n'étais pas très douée, en me comparant à un enfant n'ayant même pas atteint l'âge de raison. Cet événement anodin s'inscrit dans tout un ensemble de situations où l'on m'a fait sentir, pas toujours aussi tendrement, que j'étais à côté, à l'écart des préoccupations dignes d'intérêt : celles qui gravitent autour de l'Enfant. Sans avoir rien demandé, je « bénéficie » d'un statut exceptionnel, et, de 30 à 34 ans, ma situation a été « hyper-exceptionnelle » : à cet âge, le pourcentage des femmes françaises ne tenant pas à se reproduire tombe à 2 %*. Le cadre de mon sentiment d'infantilisation est bien établi : celui d'une société française qui « pose le désir d'enfant comme une évidence, constituant dès lors les personnes ne souhaitant pas devenir parent comme des outsiders de la parentalité** ».

Ce jour où mon amie m'a comparée à une fillette sans s'adresser à moi, je n'ai rien dit. Comment

* Nathalie Bajos et Caroline Moreau (dir.), enquête INED, 2011 [en ligne].
** Charlotte Debest, *Le Choix d'une vie sans enfant*, *op. cit.*

expliquer à une mère enthousiaste que je ne me préoccupe de son enfant que par amitié pour elle, et qu'elle devrait trouver cela beau au lieu de me juger ? Comment lui exposer que ce n'est pas parce que l'on refuse d'endosser le rôle de mère que l'on doit perdre toute maturité à ses yeux ? Comment lui faire entendre que ce n'est pas parce que vous n'éprouvez aucun mal d'enfant que les bébés vous tétanisent ?

LE CRAN QUI MANQUE

Je n'ai pas la force galvanisante d'une Virginie Despentes qui clame, dès les premières lignes de *King Kong Théorie* : « J'écris de chez les moches, pour les moches, les vieilles, les camionneuses, les frigides, les mal baisées, les imbaisables, les hystériques, les tarées, toutes les exclues du grand marché à la bonne meuf. » Et qui prévient : « Je ne m'excuse de rien, je ne viens pas me plaindre*. » Cette capacité à s'affirmer sans concession me paraît si lointaine – moi qui ai un besoin minimal de plaire à mes proches, ou au moins de ne pas leur être désagréable. Je n'ai pas non plus le cran d'une Chloé Delaume qui déclare, dans son récit autofictionnel *Une femme avec personne dedans* : « Jamais je n'enfanterai. J'exècre les lignées et

* Virginie Despentes, *King Kong Théorie*, Paris, Grasset, 2006.

leurs fictions toxiques*. » Même si je partage *en partie* son opinion, je suis incapable de m'opposer aussi frontalement à l'allégresse tranquille, au bonheur apparent de celles et ceux qui m'entourent. Et je ne le souhaite pas, du reste. « On se lève. On se casse. On gueule** », écrivait encore Despentes en mars 2020, après le départ d'Adèle Haenel de la cérémonie des César qui venait de récompenser Roman Polanski : ça, je peux sans doute le faire. Quand il le faut, je me fais parfois violence, j'en suis capable face à des personnes que je n'apprécie pas ; mais jamais face à mes proches.

J'ai plutôt tendance à édulcorer mon agacement : je m'extasie devant des petites têtes à claques pour faire plaisir à leurs parents ; j'acquiesce gentiment lorsqu'une voisine, regardant de loin ses enfants courir et hurler dans la résidence, me dit qu'être mère, « ça reste la chose la plus épanouissante

* Chloé Delaume, *Une femme avec personne dedans*, Paris, Seuil, 2012.

** Virginie Despentes, « Désormais on se lève et on se barre », *Libération*, 1er mars 2020 [en ligne].

dans la vie » ; j'écoute avec un sourire niais une vendeuse de maquillage un peu trop zélée, qui espère que mes enfants auront les mêmes yeux verts que moi. Je peste alors intérieurement de me plier à un attendu implicite que nous sommes nombreuses à connaître : la nécessité de prendre des pincettes lorsqu'il s'agit de défendre un choix à contre-courant, l'obligation d'enrober une conviction anticonformiste de circonvolutions et d'euphémismes. Mais je continue à tempérer, polir, emmieller mes réactions.
Heureusement pour mon ego de féministe, je ne suis pas la seule à céder au sucré : alors que Fiona Schmidt souligne la nécessité de désacraliser tout ce qui a trait au corps féminin, la couverture de *Lâchez-nous l'utérus !* est rose bonbon. D'autres maisons d'édition optent aussi pour ce rose girly. Même l'essai *Sorcières* de Mona Chollet n'y déroge pas. On se croirait dans ces émissions culinaires télévisées à but pédagogique, où certains chefs étoilés cherchent à améliorer les menus des cantines scolaires en faisant passer, par quantité de ruses, des légumes verts pour des frites. Il faut décidément que je cuisine plus de produits bruts.

Dans un tel contexte, l'existence d'une parole sans concession est importante, et je m'en remets souvent à Virginie Despentes lorsqu'elle fustige les injonctions à la maternité : « Foutage de gueule, méthode contemporaine et systématique de la double contrainte : "Faites des enfants c'est fantastique, vous vous sentirez plus femmes et accomplies que jamais", mais faites-les dans une société en dégringolade, où le travail salarié est une condition de survie sociale, mais n'est garanti pour personne, et surtout pas pour les femmes*. » Peut-être me donnera-t-elle un peu de courage, la prochaine fois que j'entendrai un éloge un peu trop ardent de la parentalité.

* Virginie Despentes, *King Kong Théorie*, *op. cit.*

« C'EST SÛR, NOUS N'AVONS PAS LES MÊMES PRIORITÉS »

En quête de récits et romans récents sur le thème de la maternité, je suis arrivée, de clic en clic, sur une page de discussion : elle concernait *Motherhood* de Sheila Heti, un récit autobiographique paru en 2018. L'une des internautes, sans enfant, notait qu'elle avait été frappée par une phrase du livre : « *When a person has a child, they are turned towards their child. The rest of us are left in the cold*[*]. » Pour elle, ce passage rendait tout à fait compte de la sensation de froid qui la saisissait quand ses ami·es n'avaient plus que leur nouveau-né en tête. En anglais, *to be left in the cold* est une expression idiomatique, qui équivaut à « être mis·e de côté ». Mais peu importe, c'est exactement ce que je ressens, moi aussi, quand

* « Quand une personne a un enfant, tout tourne autour de lui. Les autres sont mis à l'écart. »

j'entame un dialogue avec une amie et que tout tourne aussitôt autour de ses enfants.

Dans son essai, Fiona Schmidt confie « envie[r] le statut que la maternité procure. La validation sociale, le sentiment d'appartenance et de communauté ». Je ne suis pas sûre de partager ce point de vue, car je trouve mes communautés ailleurs : dans mon travail et mes lectures, dans mon couple, avec certain·es ami·es plus à l'écoute que d'autres. Par ailleurs, je suis quelqu'un qui a appris à vivre seule, et ne suis pas une droguée du collectif. En Allemagne, j'ai d'abord souffert de quelques soirées d'hiver solitaires, loin de ma famille et de mes proches restés en France. Puis, petit à petit, au fil des six années que j'ai passées outre-Rhin, j'ai reconstitué un cercle d'ami·es et d'amours autour de moi. J'ai appris ce qu'était la vie en colocation étudiante, puis la vie en couple. La dernière année, j'ai habité seule, avec un sentiment de bonheur absolu : la satisfaction d'être autosuffisante et de pouvoir faire ce que *je* voulais. Si je vis aujourd'hui de nouveau en couple, je sais que la solitude n'est pas un problème pour moi. C'est peut-être, d'ailleurs, ce qui me fait apprécier tout particulièrement la vie à deux : je n'en ai pas besoin, je l'ai choisie. Mais cela ne m'empêche pas de ressentir intensément les mouvements de rejet que provoque ma condition. Ils me font penser à une tranchée que l'on creuserait autour de moi, avant de la remplir d'eau glacée.

Left in the cold. Assise à côté de deux jeunes mères, amies d'amies, dans un sauna, je les écoutais comparer depuis dix minutes différentes marques de lait en poudre. Au milieu des craquements de bois et de l'odeur d'épicéa qui envahissait l'air brûlant, j'ai relevé, en observant les consignes affichées en anglais sur la porte de la cabine, qu'il existait visiblement plus de marques de lait en poudre que de langues européennes.
« Oui, c'est sûr que nous n'avons pas les mêmes priorités – visage rapidement tourné vers moi, avant de s'orienter de nouveau vers son interlocutrice principale –, mais tu as vu, au fait, qu'un article vient de sortir sur les méfaits du lactose pendant la petite enfance ? »
Une gifle froide et rapide. J'ai eu l'impression que

la porte en verre s'ouvrait d'un seul coup, laissant s'engouffrer un air glacial. Les amies de vos amies ne sont pas toujours vos amies – surtout quand ce sont de jeunes mères. Nulle plainte dans ce souvenir thermométrique mais une énième constatation, qui renvoie au statut hors normes des Françaises qui partagent mon choix. Au sauna, il aurait suffi que je suggère un vague désir de parentalité pour être immédiatement intégrée à la conversation. Adoptée.

Les injonctions à la maternité ne se limitent pas à celles qui ne veulent pas d'enfant, elles sont pénibles aussi quand on est déjà mère. Mais dans mon cas, impossible de faire diversion en parlant de l'enfant que l'on a déjà, ou de faire mine de solliciter des conseils en mentionnant celui que l'on projette d'avoir. À moins de mentir, et de se mentir.

AILLEURS

Au cours de mes premières recherches sur « l'infécondité volontaire », j'ai cherché à savoir ce qu'il en était en dehors de l'Europe et des États-Unis. Je me doutais bien que l'ostracisme que je subissais était moins violent que dans d'autres contextes culturels. Sans grande surprise, j'ai constaté que l'intensification des injonctions à la natalité coïncidait avec un rejet exponentiel des femmes qui s'y dérobaient.

J'ai d'abord découvert un documentaire sur les difficultés des Nigériennes qui ne parviennent pas à procréer, intitulé *L'Arbre sans fruit* (2017), d'après le surnom donné, au Niger, aux femmes sans enfant. Aïcha Macky, de retour dans son pays natal à la fin de ses études (d'abord en sociologie, au Niger, puis en cinéma documentaire, au Sénégal), mariée et sans enfant, est confrontée à une pression sociale si intense qu'elle décide de réaliser un film sur l'infertilité. Son propre parcours entre en écho avec l'expérience des femmes dont elle recueille les témoignages. Au Niger, qui possède l'un des taux de fécondité les plus élevés au monde (7,5 enfants par femme), l'infertilité est un stigmate. Les femmes en sont souvent considérées comme les seules et uniques responsables. Dans un tel contexte, comment serait jugé le *choix* de ne pas concevoir ?

La volonté de contrôler la fécondité des femmes est décidément une réalité mondiale, ai-je songé un peu plus tard, en entendant parler à la radio d'un « #MeToo sud-coréen » : il était question de la traduction du roman de Cho Nam-joo, *Kim Jiyoung, née en 1982*. Ce best-seller publié en Corée du Sud en 2016 a provoqué une vague de réactions misogynes au même titre que son adaptation cinématographique*. Il a pour personnage principal une jeune femme, mariée et mère au foyer. Du jour au lendemain, les voix féminines de son entourage se mettent à surgir de sa bouche,

---

* Frédéric Ojardias, « Un film sud-coréen suscite une vague de commentaires misogynes et antiféministes », *Radio France Internationale*, 30 septembre 2019 [en ligne].

provoquant l'effroi de ses proches. Le récit parcourt ensuite les différentes étapes de sa vie, depuis son enfance jusqu'au moment où elle quitte son emploi pour élever sa fille. Les diktats imposés aux femmes par la société sud-coréenne défilent, agrémentés de statistiques et autres données factuelles insérées dans le récit ; la Corée du Sud est ainsi « le pays où l'écart des salaires entre hommes et femmes est le plus important de l'OCDE* ». À la fin du récit, on entend la voix du psychiatre de Kim Jiyoung, qui explique être parvenu à atténuer ses « crises » à l'aide d'antidépresseurs et de somnifères. Ne pas devenir mère n'est même pas envisageable. Pour tenir son rang, il faut procréer, au risque de devoir renoncer à son travail. Et se conformer à une exigence bien précise : en Corée du Sud, c'est avant tout un fils qu'il faut mettre au monde. Comme en Inde, au Vietnam ou en Chine.

Au terme de mes lectures en pagaille, il m'était encore plus évident que le rejet des femmes ne

---

* Cho Nam-joo, *Kim Jiyoung, née en 1982*, Paris, NiL, 2020.

tenant pas à la maternité était un phénomène généralisé. Comment alors faire comprendre, ressentir, faire voir la violence que *nous* subissons, nous autres femmes hors normes ? Comment expliquer l'état de mal-être qui en résulte, qui est à la fois le mien et pas seulement le mien ?
J'ai alors repensé à un auteur que j'avais étudié dans le cadre de ma thèse sur les formes contemporaines de l'engagement littéraire : Salman Rushdie. Dans l'un de ses romans, j'ai retrouvé l'une des descriptions les plus claires du malaise de celles qui se dérobent à la fonction de génitrice, en France, au Niger, en Corée du Sud ou ailleurs. Ce roman de langue anglaise publié en 1983 s'intitule *La Honte* (*Shame*[*]). Il se présente comme une satire de l'action de deux hommes d'État pakistanais. *A priori*, il n'a pas grand-chose à voir avec la question du désir de maternité ; sauf que Rushdie s'intéresse aussi à l'oppression des Pakistanaises. Les violences qu'elles subissent au quotidien sont dénoncées le plus férocement par le biais des deux seuls personnages du roman qui restent sans

* Salman Rushdie, *La Honte*, Paris, Stock, 1989.

enfant. Arjumand Harappa, surnommée la Vierge de Fer, fustige la complicité de son père avec un régime patriarcal corrompu et répressif : « Tu te nourris de nous », lui crache-t-elle au visage, en faisant allusion aux femmes de son entourage. L'autre personnage féminin sans enfant, Sufiyia Zinobia, finit par se transformer en bête sauvage, jusqu'à semer la terreur par ses massacres. Or cette métamorphose est présentée comme une réaction extrême à l'émotion qui submerge le personnage et ses semblables : « *Sharam*, tel est le mot. Pour lequel ce misérable "honte" est une traduction tout à fait insuffisante. [...] [C'est] aussi l'embarras, la déconvenue, la décence, la modestie, la timidité, la sensation d'avoir un endroit destiné dans le monde. »

Je me suis dit que ce passage traduisait assez bien la détresse plus ou moins profonde éprouvée par mes semblables à travers le globe. Il m'a semblé à même de cerner le mal-être qu'ont en partage de nombreuses femmes en décalage avec les discours natalistes de leurs sociétés respectives : le mien comme celui des Nigériennes, des Coréennes ou des Pakistanaises.

LA SIBÉRIE BRÛLE

Un mardi matin, à 6 h 30, j'allume la télé en espérant que la lumière bleue me réveillera davantage que le double expresso que je suis en train de boire. Mon choix se porte sur Télématin, dont les stimuli audiovisuels s'avèrent un peu moins violents que sur les chaînes d'information en continu. Le journal commence, avec des images de conifères en flammes. Nous sommes en septembre 2020, et la Sibérie brûle. De nouveau. Après l'Amazonie, la forêt d'Afrique centrale, l'archipel indonésien, l'Australie. À peu près en même temps que la Californie, cette année.

« Nous allons léguer à nos enfants un monde calciné et irrespirable », observe un jeune climatologue, qui rappelle au passage les fontes record de la banquise. Je me demande si ce chercheur a lui-même des enfants. Si c'est le cas, comment parvient-il à les regarder grandir avec sérénité ? N'éprouve-t-il pas une inquiétude permanente, le soir, en revenant du laboratoire où il travaille ?

Nul besoin, cela dit, d'être climatologue ou hypersensible pour éprouver une anxiété croissante face à l'avenir de nos sociétés à l'échelle mondiale. Pour ma part, je suis de plus en plus tourmentée par une angoisse environnementale m'empêchant de me projeter pleinement dans l'avenir. Comment, dès lors, pourrais-je m'imaginer avec des enfants ?

Cette forme particulière d'inquiétude a fortifié ma non-envie de devenir mère pour la transformer en un choix assumé. Elle est parfois si puissante que je contemple les enfants de mes proches avec un certain émoi. À quand la prochaine pandémie, et le prochain retour de la vie sous cloche ? À quand la prochaine catastrophe nucléaire ? À quand le prochain record de chaleur ? Je sais bien que l'histoire humaine est parcourue de guerres, de génocides, d'attentats, de migrations forcées ; mais notre environnement a-t-il jamais été autant menacé qu'aujourd'hui ? Dans un article publié dans le magazine *The New Yorker*, l'écrivain Jonathan Franzen est encore plus affirmatif : « Si vous avez moins de 60 ans, vous risquez d'être témoin de la déstabilisation radicale de la vie sur Terre – mauvaises récoltes en masse, incendies apocalyptiques, implosion des économies, inondations effrayantes, centaines de millions de réfugiés fuyant des régions rendues inhabitables par une chaleur extrême ou une sécheresse permanente. Si vous avez moins de 30 ans, il est à peu près garanti que vous y assisterez*. »

Mon inquiétude est partagée. Les termes de « solastalgie » ou d'« éco-anxiété » sont d'ailleurs en vogue depuis quelque temps. Le premier a d'abord été employé par un philosophe australien, en 2005 : il traduisait l'abattement des habitants de la Hunter Valley, lié aux mutations environnementales de leur région. Glenn Albrecht a élaboré le concept à partir des termes anglais *solace* (réconfort, consolation, soulagement) et *desolation*, ainsi que du grec *algia* (douleur). À la différence de la nostalgie, qui suppose un éloignement temporel et/ou spatial, la solastalgie désigne selon lui la souffrance physique et psychologique

* Jonathan Franzen, « What If We Stopped Pretending? », *The New Yorker*, 8 septembre 2019, ma traduction.

résultant de la destruction et/ou de la transformation de son environnement*. Le philosophe français Baptiste Morizot relie cette détresse sourde à un ressenti plus global face aux métamorphoses induites par le changement climatique**. Cette « éco-anxiété », je l'éprouve avec une intensité croissante, à mesure que les étés deviennent de plus en plus chauds, et les hivers de moins en moins froids. Et quand les forêts brûlent.

Mon angoisse ne s'inscrit pas vraiment dans une logique dénataliste. Si la surpopulation était la seule menace qui nous guettait, je n'éprouverais pas ce sentiment paralysant. En envisageant la parentalité au prisme de l'écologie, les grands mouvements dénatalistes des années 1970 ont œuvré, c'est vrai, à faire du non-désir de maternité un sujet un peu moins tabou. Il en va de même d'initiatives plus récentes, comme celle des

---

* Glenn Albrecht dans *Philosophy Activism Nature*, n° 3, 2005, p. 41-55.
** Baptiste Morizot dans *Critique*, nos 860-861, 2019, p. 166-181.

GINKS (Green Inclination, No Kids). Popularisé par la chroniqueuse américaine Lisa Hymas, ce mouvement féministe appelle à renoncer à la maternité pour limiter la destruction de la planète*. Mais en parcourant les ouvrages les plus virulents**, je constate le retour des assignations à l'envoyeur. Ce sont les parents qui sont dénoncés comme égoïstes et irresponsables, soumis à un procès univoque et contre-productif. Je ne suis pas assez confiante en notre avenir pour l'imposer à quelqu'un d'autre que moi ; mais ce n'est pas une raison pour déverser brutalement les flots de mon anxiété et le fiel de ma désapprobation sur les parents qui m'entourent. Ce serait du reste le meilleur moyen d'être encore plus marginalisée.

---

* Lisa Hymas, « Say it loud – I'm childfree and I'm proud », manifeste paru sur le site *Grist* le 31 mars 2010 [en ligne].

** Je pense entre autres à une étude de Michel Tarrier et Daisy Tarrier, *Faire des enfants tue. Éloge de la dénatalité*, Nantes, Éditions du Temps, 2008.

ÉCOFÉMINISME

Une fin d'après-midi, dans la lueur d'aquarium de la salle U de la bibliothèque François-Mitterrand, à Paris, je profite d'un cours préparé plus vite que prévu pour entrer dans le catalogue en ligne un mot-clé qui m'intrigue depuis longtemps: « écoféminisme ». Il ne me reste que deux heures avant la fermeture: je commande trois livres. En attendant leur arrivée au comptoir d'accueil, j'observe les tables autour de moi: des piles de livres, comme sur la mienne, avec, derrière elles, les visages de quelques petites souris à lunettes et à chignons sages, tapotant fébrilement sur leurs claviers. D'autres femmes, des doctorantes, sans doute, et plusieurs quinquagénaires aux vêtements amples. Quelques hommes dans le lot, dont un brun au front immense, costard-cravate, muni de gants, qui feuillette un vieux manuscrit, devant lequel trône une étonnante trousse aux motifs de nounours. L'objet appartient-il à l'un de ses enfants ? Mon esprit dérive. Et ces étudiantes, ces chercheuses, que pensent-elles de la maternité ? Sont-elles comme moi ? Le site de la BNF me signale que mes livres sont prêts. En allant les récupérer, je passe devant la jeune femme au ventre arrondi qui, le midi, faisait la queue devant moi au café. Je l'avais entendue dire qu'elle était enceinte de cinq mois, et attendait un garçon : elle l'avait fièrement annoncé au vendeur. Il l'avait félicitée, un peu gêné.

J'ouvre un premier livre : *Le Féminisme ou la Mort* (1974), de Françoise d'Eaubonne, essayiste, romancière, militante féministe *et* écologiste. Elle y déclare qu'au cours de l'histoire humaine l'accaparement par les hommes « du sol, donc de la *fertilité* (plus tard de l'industrie), et du ventre de la femme (donc de la *fécondité*) » a mené à une double surexploitation, et à un « double péril menaçant et parallèle : la surpopulation, excès des naissances, et la destruction de l'environnement, excès des produits ». C'est en réaction à ce double péril qu'elle invite à un « éco-féminisme ». La future fondatrice du mouvement Écologie et féminisme n'a eu de cesse d'articuler sa dénonciation de l'organisation sexiste de la société et sa critique de la destruction de l'environnement, qu'elle attribue à une même volonté de domination. Je comprends que, dès son essai de 1974, elle a lancé un appel important pour nombre d'intellectuelles et militantes : « C'est une urgence que de souligner la condamnation à mort, par ce système à l'agonie convulsive, de toute la planète et de son espèce humaine, si le féminisme, en libérant la femme, ne libère pas l'humanité *tout entière*, à savoir, n'arrache le monde à l'homme d'aujourd'hui pour le transmettre à l'humanité de demain. »

Françoise d'Eaubonne annonce dans une certaine mesure les travaux de Françoise Vergès, dont j'ai emprunté *Un féminisme décolonial* (2019). Après l'avoir feuilleté, j'ai noté qu'elles prônaient toutes deux, en somme, « un féminisme qui pense *ensemble* patriarcat, État *et* capital, justice reproductive, justice environnementale *et* critique de l'industrie pharmaceutique, droit des migrant·es, des réfugié·es et fin du féminicide, lutte contre l'Anthropocène-Capitalocène racial et criminalisation de la solidarité ». Je réprime mes grognements sceptiques face à certaines déclarations catégoriques mais c'est vrai, la mise à l'écart que je subis en tant que femme ayant renoncé à la maternité relève bien d'une violence à la fois biologique et sociale : mes organes reproducteurs en sont autant la cible que mes choix de vie, mes priorités et mes préférences.

Je me plonge dans le dernier livre, sobrement intitulé *Écoféminisme* (1993). J'apprends que pour la sociologue allemande Maria Mies et l'écologiste indienne Vandana Shiva l'ambition critique de l'écoféminisme « ouvre la perspective d'une société et d'une économie qui ne seraient pas fondées sur des colonisations de tous genres : celles des femmes par les hommes, de la nature par les êtres humains, des colonies par les métropoles ». Le haut-parleur me fait sursauter : il est 19 h 45, il faut rendre les livres. Après les avoir posés sur le comptoir, je reconnais qu'ils m'ont parlé, tous les trois : en dépit de leurs approches différentes du féminin, chacune de leurs autrices encourage à sortir du cycle d'une violence multiple, sans la retourner à l'envoyeur. Quand on est minoritaire, il est souvent vain d'attaquer la majorité de front. Je me sens plus écoféministe que dénataliste, ai-je songé en marchant sur le parvis glissant de la BNF, en route vers le métro, entre chien et loup.

À L'UNISSON

L'homme dont je partage la vie est universitaire, comme moi ; nous avons en commun le goût des longues marches éreintantes, qui permettent de se débarrasser peu à peu des scories du quotidien, pour le retrouver ensuite comme régénérés. Il y a quelques mois, nous avons fait halte dans une maison d'hôtes perdue dans le Morvan, profitant d'une fin de semaine un peu moins chargée que d'habitude pour nous mettre au vert quelques jours. Nous étions hébergés par un jeune couple d'anciens Parisiens venus s'installer dans la région sans doute la plus sauvage de France, avec leur fils âgé de quelques mois. Le premier soir, ils nous ont invités à partager leur repas, dans leur jardin. Une brise de printemps soufflait autour de la table en bois massif et agitait la ramure des chênes centenaires : le décor était idyllique, l'atmosphère à la détente.

« Vous avez eu quand même un sacré courage de tout quitter du jour au lendemain pour venir vous

installer ici, leur ai-je dit après avoir résumé nos balades de la journée, où nous n'avions croisé âme qui vive.
– En fait, c'est la naissance du petit qui a tout déclenché », a expliqué notre hôte.
Sa compagne a esquissé un sourire, puis enchaîné : « Et vous, vous n'envisagez pas d'avoir des enfants ? »
C'était la première fois que l'on me posait cette question en tant que membre d'un couple et en présence de mon compagnon ; la première fois, aussi, où j'ai vraiment répondu. Au cours de mes histoires précédentes, je marmonnais en général un vague « Pas pour le moment ». Cette fois-ci a été différente. La lumière du jour déclinait doucement, alors que de petites ampoules bleutées s'allumaient dans l'herbe épaisse, moelleuse sous mes pieds nus. Cela faisait longtemps que je n'avais pas éprouvé une telle sensation de bien-être ; je me sentais calme, sereine. Un peu grisée par la fatigue et le digestif qui venait de nous être servi, aussi. Je me suis alors autorisée à être franche, à nommer sans détour ce que je ressentais, sans feinter, sans tricher.

« Je n'en ai pas envie », ai-je répondu.
Au même moment, mon compagnon a prononcé exactement les mêmes mots. J'ai sursauté et me suis tournée vers lui ; à son sourcil plus haut que l'autre et à son sourire en coin, j'ai vu qu'il était aussi étonné qu'amusé.
Le jeune couple qui nous faisait face a éclaté de rire :
« Vous vous êtes bien trouvés, tous les deux ! »
Notre hôte nous a resservi un fond de liqueur, pour trinquer à notre santé. En finissant mon verre, j'ai senti se répandre en moi une chaleur bienfaisante, et un immense soulagement. Pour la première fois, j'avais osé me dévoiler aux côtés d'un homme que j'aimais, sans m'abriter derrière une formule vague ; et je me retrouvais en harmonie parfaite avec mon compagnon.

De retour dans notre chambre, nous avons contemplé les grands chênes du jardin depuis la fenêtre, l'un contre l'autre. Sans se tourner vers moi, il a passé le bras autour de mon épaule et m'a dit doucement :
« On n'en a jamais vraiment parlé mais tu sais,

si un jour tu voulais un enfant, on pourrait en discuter. »

Au fond de moi, j'ai alors *su* que non, je *ne voulais pas* devenir mère – et que mon choix ne changerait pas de sitôt. Aux côtés de cet homme qui venait d'affirmer son ressenti avec calme, j'ai été sûre de moi. C'était une évidence. J'ai posé la tête sur son épaule et je le lui ai expliqué, aussi tranquille que lui. Et c'est comme si je m'étais libérée d'un énorme poids, d'un piège qui m'entravait la poitrine, m'empêchant d'être tout à fait moi-même.

EN COUPLE ET COUPABLE

Si j'avais partagé le quotidien d'un homme attiré par la vie de père, me serais-je laissé gagner par son désir ? Qui sait, je me serais peut-être sentie mal à l'aise, fautive même, de ne pas lui permettre de faire l'expérience de la parentalité ? J'aurais alors confondu cette culpabilité avec l'envie de mettre un petit être au monde. Ce n'est pas impossible. C'est d'ailleurs fréquent : pour de nombreuses femmes en âge d'avoir des enfants, les injonctions à procréer se conjuguent à la « culpabilité de ne pas permettre aux hommes de devenir pères* ». La pression sociale concerne surtout les femmes en couple. Non seulement elles ne perpétuent pas leurs propres gènes, mais en plus elles commettent le crime d'empêcher l'ADN de leur compagnon de se répandre, leur patronyme de se transmettre. Les femmes, toujours elles. Confrontées à des sommations qui

* Charlotte Debest, *Le Choix d'une vie sans enfant*, *op. cit.*

s'amoncellent, se superposent les unes aux autres. Comme si elles étaient seules en charge de la survie de l'espèce humaine. Le présupposé ne date pas d'hier, et est encore d'actualité dans certaines régions du globe : pour n'avoir pas permis à un patriarcat protéiforme de préserver sa lignée ou ses finances, combien de femmes rejetées, répudiées, remplacées ?

Que l'absence d'enfant relève d'une décision ou d'une inaptitude physiologique, on continue d'oublier que les femmes ne sont pas les seules concernées. En France comme dans la plupart des pays occidentaux, « la responsabilité de l'homme dans les difficultés à concevoir représente 50 % des causes d'infertilité* » : lorsqu'un couple ne parvient pas à procréer, le corps féminin est loin d'être le seul à porter le fardeau de l'infécondité. Quand on partage sa vie avec un·e candidat·e à la parentalité, n'est-ce pas du reste une aventure

* Marie Walschaerts, thèse de doctorat en biostatistique et épidémiologie, Université Toulouse-III-Paul-Sabatier, 2011 [en ligne].

commune que de mettre un enfant au monde, et de l'éduquer ?

Mes épaules n'ont pas eu à supporter un poids qui se surajoute à toutes les contraintes qui altèrent l'existence des femmes ; à toutes les tentatives de contrôler nos corps, nos esprits et nos vies.

« TU NE CROIS PAS QUE TU POURRAIS REGRETTER TON CHOIX ? »

« Tu ne devrais peut-être pas être aussi catégorique ; tu ne crois pas que tu pourrais regretter ton choix ? »
La question vient d'une amie d'enfance, mère de famille, à qui j'ai fait lire une ébauche de mon prologue. C'est le moment, ai-je pensé : à partir de maintenant, je cesse de fuir. D'autant plus que cette semonce-là, elle n'est pas la seule à me l'avoir adressée, et je suis loin d'en être l'unique récipiendaire : tel un parasite obstiné, elle s'invite sans cesse dans les débats que nous imposent nos détractrices. Elle ressemble à un ultimatum nous rappelant à intervalles réguliers que la fin de la fécondité se rapproche. Mais cette sollicitude réprobatrice dont nous nous passerions bien rend compte d'un raisonnement plutôt tortueux. Mona Chollet le dit elle-même : « Peut-on se forcer à faire quelque chose qu'on n'a aucune envie

de faire uniquement pour prévenir un hypothétique regret situé dans un avenir lointain ? Cet argument ramène les personnes concernées précisément à la logique que nombre d'entre elles cherchent à fuir, cette logique de prévoyance à laquelle incite la présence [...] d'un enfant et qui peut dévorer le présent dans l'espoir d'assurer l'avenir : prendre un crédit, se tuer au travail, se soucier du patrimoine qu'on lui léguera, de la façon dont on paiera ses études*... » Penser à toutes ces choses me déprime, effectivement. Mais en expliquant cela à des parents fiers de l'être, on prend le risque de se voir accoler certains des stéréotypes qui poursuivent la femme sans enfant – en premier lieu l'irresponsabilité. C'est un cercle vicieux dont il est difficile de sortir.

Avec mon amie lectrice, j'ai donc testé une autre réponse :
« Tu voudrais donc que je me force à faire quelque chose que je n'ai pas envie de faire parce

---

* Mona Chollet, *Sorcières*, *op. cit.*

que je pourrais potentiellement regretter de ne pas l'avoir fait.
– …
– Tu veux que je répète ?
– Laisse tomber. »

Ne se laissant pas désarçonner, mon amie lectrice est revenue à la charge en m'interrogeant sur ma solitude future (quelle surprise !). Je me suis alors remémoré une exposition que j'étais allée voir peu de temps avant les premières semaines de confinement : « Espions », à la Cité des sciences et de l'industrie. Des agents des services de renseignement se racontaient, sous couvert d'anonymat, dans des enregistrements présentés aux visiteurs. Une question revenait dans chaque vidéo : « Quand on vous demande votre métier, que dites-vous ? » L'un des agents, en poste depuis plus de vingt ans, expliquait qu'il avait la chance de vivre à une époque narcissique, et qu'il lui suffisait de répondre le plus vaguement possible pour que ses interlocuteurs se désintéressent de lui, et en viennent à parler d'eux-mêmes.

Cet agent pince-sans-rire m'a inspirée, alors que mon amie prenait un petit air de maîtresse d'école mi-courroucée, mi-attendrie :

« Tu ne m'as pas répondu, Chloé. Ça ne te fait pas peur de vieillir seule, franchement ?

– Je ne sais pas. [Réponse vague.] Pourquoi ? La solitude te fait peur ? [Focalisation non agressive de l'attention sur l'autre.]

Petit silence.

– Un peu, en fait. Je déteste être seule. »

UNE THÈSE PLUTÔT QU'UN BÉBÉ ?

Est-ce en raison de ma pugnacité ? Mon amie lectrice a fini par cesser de me titiller, et m'a confié qu'elle était si fatiguée par sa fille qu'elle ne parvenait même plus à lire quelques pages, le soir, avant de s'endormir. Elle en a déduit que moi, j'avais peut-être fait le bon choix : vu mon métier, j'avais « besoin d'un cerveau fonctionnel ».

Certes. Mais j'ai aussi besoin de pauses. Comme tout le monde.

Je me suis souvenue que cette même amie, lorsqu'elle était sur le point d'accoucher et que j'allais prochainement soutenir ma thèse, m'avait souhaité de « donner [moi] aussi naissance à un beau bébé ».

Une thèse n'a rien à voir avec un nouveau-né. (Encore heureux pour lui !) Mais à ses yeux, comme je ne comptais pas procréer, il fallait que je crée autre chose à la place.

Nous, femmes sans enfant, savons qu'il existe un coût social pour que notre choix soit toléré. Nous devrions nous dédier corps et âme à *quelque chose d'autre*. Quelque chose qui en vaille la peine. Idéalement une œuvre géniale à offrir au public. Or, on peut ne pas vouloir d'enfant sans pour autant se consacrer de toutes ses forces à un but spécifique, qu'il soit politique, artistique ou intellectuel. Plus encore, on peut renoncer à la maternité sans tenir à devenir une « femme d'exception », expression que j'entends et lis régulièrement. Dans un entretien récent, la philosophe Barbara Cassin faisait par exemple l'éloge des « femmes d'exception » unies par « un invisible lien [...] dans leur diversité » : « S'émancipant d'une vie et d'un anonymat domestiques, des pionnières n'auront cessé d'ouvrir la voie aux générations suivantes pour des carrières jadis interdites, des mathématiques à la littérature* », affirmait ainsi l'académicienne. La collection de biographies « Femmes d'exception » éditée par *Le Monde* dont

* Barbara Cassin, entretien avec Christophe Averty, *Le Monde*, 24 décembre 2019.

cet entretien faisait la promotion participe à l'utile (re)valorisation des parcours de femmes qui ont marqué l'Histoire en s'affranchissant de certaines normes, dont celle de la maternité. Mais le propos de Cassin dessine une ligne de fracture entre les femmes liées à « l'anonymat de la vie domestique » et celles qui y échappent : seules les secondes sont valorisées. Il existe pourtant bien des manières d'être exceptionnelle dans le cadre d'une vie domestique, une vie dont tout le monde ne peut pas s'extirper aussi facilement que Hannah Arendt ou Indira Gandhi. À l'inverse, il existe bien des manières d'être « normale » sans être mère. Il faut cesser de tenir pour exceptionnel uniquement ce qui sort de la vie domestique et familiale.

La route est encore longue, et les féministes ont ici un grand rôle à jouer. L'idée qu'une femme sans enfant ait à se dédier à un but hors du commun est ancrée dans les mentalités depuis un certain temps. Cela m'interpelle quand je relis Virginia Woolf, l'accès à un espace personnel et protégé qu'elle souhaite à chaque femme poursuit un but principal : produire de brillantes écrivaines.

Au cinquième chapitre d'*Une chambre à soi* (*A Room of One's Own*, 1929), Woolf médite sur le cas d'une certaine Mary Carmichael, dont le premier roman, assez médiocre, vient de paraître*. Le chapitre se clôt sur un passage célèbre : « Qu'on lui donne encore cent ans [...], qu'on lui donne une chambre personnelle et 500 livres de rente, qu'on la laisse s'exprimer librement et abandonner la moitié de ce qu'elle fourre là aujourd'hui, et un beau jour, elle écrira un livre meilleur. » C'est d'abord afin d'œuvrer à l'extraordinaire qu'il faudrait avoir sa « chambre à soi ».

Pourtant, Woolf met *aussi* en scène des femmes de ménage et des bonnes d'enfants, prêtant attention à leurs « vies infiniment obscures » qu'il « reste à [...] transcrire ». C'est d'ailleurs à la même écrivaine qu'elle adresse cette sollicitation, en pensée, juste avant une section que je trouve magnifique : « [...] Et je continuai de parcourir en pensée les rues de Londres, sentant en imagination la pression du silence, l'accumulation de

---

* Virginia Woolf, *Une chambre à soi* in *Romans, essais*, Paris, Gallimard, 2014.

vies non transcrites, que ce soit celle des femmes des rues [...] qui parlent en faisant de grands gestes sur un rythme shakespearien ; celle des marchandes de violettes ou des vendeuses d'allumettes, celle des vieilles postées sous les porches, celle des filles à la dérive dont les visages, comme des vagues sous le soleil ou les nuées, échangent des signes à l'arrivée d'hommes et femmes et aux premières lueurs vacillantes des vitrines. » Ces femmes ne cherchent pas à être exceptionnelles : elles sont simplement vivantes, allant leur chemin et s'exprimant dans un langage qui leur est propre, depuis un espace qu'elles partagent avec d'autres. Est-ce une perspective si utopique ?

En parcourant, de passage chez ma petite sœur, un volume de la bande dessinée *Culottées*, de Pénélope Bagieu, j'ai vu défiler sous mes yeux une ribambelle de femmes exceptionnelles : tant d'artistes, écrivaines, militantes politiques ou aventurières dont le parcours semble *justifier* l'absence d'enfants. Il est bien difficile de s'identifier à des incarnations de femmes sans enfant mais écrasantes, ai-je songé.

J'ai eu l'espoir de voir émerger la parole d'individus sans originalité particulière en découvrant un recueil de témoignages rassemblés par Meghan Daum, *Ils vécurent heureux et n'eurent pas d'enfants*; je me suis plongée dedans, mais les seize individus interrogés se sont avérés être des écrivain·es: pas tout à fait lambda. Vouloir posséder une chambre à soi pour s'y reposer et s'y ressourcer, sans y accomplir une tâche exceptionnelle, semble bien tenir de l'exception.

LA DOUBLE PUISSANCE

Mon père, qui conserve pour moi toutes les revues portant de près ou de loin sur des questions féministes, m'a dégoté un numéro de *Philosophie Magazine* de fin 2019, consacré à « la puissance des femmes ». J'y ai retrouvé un discours répandu, dont l'un des derniers avatars a été produit par la journaliste Léa Salamé*. La revue comportait un entretien avec Élisabeth Badinter, assez révélateur : « On peut dire que les femmes sont en train de se doter d'une double puissance : à la puissance de reproduction dont elles disposent depuis toujours s'ajoute dorénavant le pouvoir sur le monde qu'elles veulent partager avec les hommes. Il est possible que cela évolue avec l'accession à d'autres techniques de reproduction, comme l'utérus artificiel. En attendant, les femmes disposeront d'une double

---

* Léa Salamé, *Femmes puissantes*, Paris, Les Arènes, 2020.

puissance. Si l'on regarde les choses sur le long terme, c'est un avantage inouï [...][*]. »

D'abord, il me semble qu'enfanter relève plus d'une capacité que d'une « puissance » ; ensuite, on peut ne pas souhaiter être puissante partout – ni même être puissante tout court. Pour ma part, je ne cherche pas ici à être puissante, mais à me faire entendre. Je refuse de prendre *la puissance* comme idéal. Je lui préfère *l'énergie*, que j'associe à une caractéristique interne. À une dynamique qui n'est pas dirigée vers autrui pour chercher à le contraindre. Je relie cette énergie à ce que la féministe américaine bell hooks appelait en 1984 « le pouvoir comme expression de créativité, de constructivité et de vitalité[**] » : à une force qui se vit, se communique mais ne s'impose pas.

---

* Martin Legros, « Entretien avec Élisabeth Badinter », *Philosophie Magazine*, hors-série n° 43, automne-hiver 2019, p. 69-73.

** Voir bell hooks, *De la marge au centre. Théorie féministe*, Paris, Cambourakis, 2017.

GRASSES MATINÉES

Ce matin, samedi, j'ai fait la grasse matinée. J'ai pu reprendre des forces pour affronter la semaine à venir, qui s'annonce remplie d'échanges tantôt ennuyeux, tantôt passionnants avec mes étudiant·es, de prises de bec ou de fous rires avec mon compagnon, d'une carie à me faire soigner, d'un article à terminer, et de toutes ces tâches administratives qui noyautent les journées des universitaires – encore davantage par temps de Covid. Quand je songe à ma décision, voilà ma première source de satisfaction : pouvoir un peu échapper à la fatigue d'un quotidien habité par des enfants en plus de tout le reste.

Il existe en allemand l'adjectif *schadenfroh*, qui désigne la joie égocentrique que l'on ressent à l'idée de ne pas être concerné par les soucis des autres. Ce sentiment, je l'éprouve un peu quand certaines de mes amies me racontent leur quotidien de jeune mère. Et je l'éprouve pleinement après avoir rendu visite à des parents d'enfants en bas âge, malgré tout le plaisir qu'ont pu me procurer les retrouvailles : de retour chez moi, je suis si heureuse de ne pas être à leur place ! J'ai l'impression de l'avoir échappé belle. *Exit* le rhume à soigner, les devoirs à surveiller, l'après-midi pluvieux à occuper ; pas besoin de lancer des machines à laver à répétition, ni de retenir la date et l'horaire de la prochaine réunion parents-profs, ni de partir à la recherche d'une nouvelle paire de chaussures pour les pieds de l'enfant qui gagnent deux centimètres par trimestre ; pas de cris ni de pleurs au moment de manger, d'aller au bain, de prendre le bain, de sortir du bain, de se laver les dents, d'aller se coucher, de se lever. Pas de baby-sitter à trouver d'urgence une journée d'hiver où l'on ne peut manquer le travail.

Ce « degré zéro de la joie » est clairement une forme de soulagement. Il relève d'un privilège : il faudrait que je sois aveugle ou sourde pour ne pas prendre en compte ma condition d'Européenne blanche, athée, sans difficultés financières spécifiques. Si la maternité est déjà compliquée pour les femmes dans ma situation, qu'en est-il pour toutes les autres ! Mais ce soulagement, c'est aussi celui d'échapper à des difficultés et discriminations contre lesquelles je pourrai peut-être *mieux* lutter en me sachant préservée.

Je suis assise devant mon ordinateur, en pyjama. Il est onze heures du matin. Et je fais ce que je veux. J'ai retravaillé l'un de mes cours en y ajoutant l'extrait d'un film que j'ai visionné hier, par hasard. J'aime mon métier, et je peux m'y consacrer pendant mes week-ends si je le souhaite. Mais aujourd'hui, je pense plutôt me vautrer dans mon canapé, munie d'une couverture et des *Mémoires* de Gloria Steinem, que je n'ai jamais lus et qui me promettent une forme d'évasion : l'icône féministe y raconte son parcours militant à travers les États-Unis, qu'elle a passé sa vie à sillonner en tous sens. Après le déjeuner, j'irai déambuler dans Paris avec mon compagnon, et nous terminerons sans doute la soirée dans le restaurant thaï que nous avions repéré la dernière fois. Ou pas. Tout cela me semble plutôt banal, sauf quand je compare mon emploi du temps du week-end à celui de la plupart de mes amies jeunes mères : moi, j'ai la possibilité de paresser, d'improviser, d'aller à sauts et à gambades. Sans nécessairement mener à la vie itinérante que narre Gloria Steinem ou au féminisme de la subversion auquel en appelle Judith Butler, ne pas avoir d'enfant *peut* permettre de conserver une forme d'insouciance envers la société et ses codes. Ma désinvolture a la saveur piquante d'une autonomie reconquise, d'un détachement à la fois léger et lucide.

NOS CORPS À DISPOSITION

Assise au fond de la salle d'attente de ma dentiste, j'ai parcouru l'un de ces magazines féminins que l'on feuillette pour tromper l'ennui. Dans un numéro datant de l'été précédent, un article indiquait comment lutter contre les vergetures qui surgissent durant la grossesse : j'ai retenu que l'huile d'argan était une bonne option quoiqu'un peu coûteuse, et que le beurre de karité pur était à favoriser pour les petits budgets. L'important était en tout cas de se masser tous les soirs, et si possible deux fois par jour, aux « endroits critiques », comme les cuisses, le bas du ventre, et la poitrine. Méditant sur ces conseils avisés, je me suis imaginée enceinte, en réalisant que j'étais assez peu sensible à la crainte que mon corps se couvre de vergetures ou se déforme. Ce serait déplaisant, mais pas bien dramatique : je m'en remettrais, et me ruinerais sans doute en beurre de karité pour essayer de rattraper la chose. Il existe bien plus effrayant. J'ai repensé à l'une de mes anciennes collègues de lettres, dont j'avais fait la connaissance en septembre 2014 : Mélanie Déchalotte. Pendant les quelques mois où nous avions enseigné dans le même établissement, elle m'avait appris qu'elle travaillait aussi comme journaliste, et s'était engagée dans une enquête sur les maltraitances en gynécologie et en obstétrique. À chaque café trop sucré que nous buvions ensemble à l'entrée du collège, elle me racontait les nouveaux obstacles et tabous auxquels elle se heurtait, au contact d'éminents praticiens : refus de communiquer, coups de téléphone écourtés, mails agressifs. Elle m'expliquait que ses recherches de témoignages sur la pratique du « point du mari », dont elle a contribué à révéler l'existence auprès du grand public, agaçaient beaucoup. Exécuté à l'insu de la patiente venant d'accoucher, cet acte chirurgical consiste à recoudre de manière très/trop serrée les lésions provoquées par une épisiotomie – afin que le plaisir sexuel du « mari » ne risque pas d'être perturbé par un vagin jugé « trop large ». Je n'en avais alors jamais entendu parler*.

---

* Mélanie Déchalotte, *Le Livre noir de la gynécologie*, Paris, First, 2017.

Qu'elle soit perçue comme un mal-être psychique, traitée comme un déséquilibre hormonal, associée à des douleurs postnatales habituelles ou à un gentillet *baby blues*, la souffrance multiple que peut entraîner un accouchement est généralement considérée comme un état ponctuel et singulier, qui se stabiliserait au moment où la mère se serait habituée à son bébé. C'est loin d'être toujours le cas. À l'instar des travaux de Martin Winckler, l'étude de Mélanie Déchalotte m'a permis de relier la notion de « dépression post-partum » à certaines pratiques médicales traumatisantes. En attendant que les « brutes en blanc* » ne soient plus qu'un mauvais souvenir, comment supporter l'idée que des lésions physiques et psychiques provoquées par une naissance *et* des professionnel·les de santé puissent mettre des mois, des années, des décennies à guérir ? Un corps déchiré qui reste douloureux, un malaise diffus qui ne vous quitte jamais tout à fait : parfois, la maternité, c'est aussi cela. Bien pire que dans mes cauchemars.

---

* Martin Winckler, *Les Brutes en blanc. La maltraitance médicale en France*, Paris, Flammarion, 2016.

Quand bien même je serais épargnée par ces violences gynécologiques, l'idée d'une dépossession de mon corps me donne des sueurs froides. Une image m'est apparue : celle d'une femme dans un hôpital, les jambes écartées, soumise aux regards inquisiteurs de toute une équipe médicale *contrôlant* que tout se passe bien pour le bébé. J'ai aussi songé aux mois d'avant et aux mois d'après : ceux où le ventre est scruté, palpé, échographié, ceux où une kyrielle de rendez-vous médicaux permet de surveiller la croissance du bébé, puis les tréfonds du vagin ; ceux, parfois, où, parce que « l'allaitement, c'est plus sain », on tire son propre lait à l'aide d'un instrument que je ne peux m'empêcher d'associer à une machine à traire les vaches. Je ne souhaite pas mettre mon corps à la disposition de toute une institution sociomédicale.

Une femme enceinte est entrée dans la salle d'attente, en tenant la main d'un garçon aux dents de lapin. Au moment où je l'ai saluée, d'autres images se sont dessinées : un corps me devenant étranger ; un ventre qui mange, boit, existe à ma place, indépendamment de moi. Un peu comme dans le film *Énorme* (2020) de Sophie Letourneur, qui suit les pas d'une brillante pianiste (Marina Foïs) et de son mari, gestionnaire de sa carrière et homme à tout faire (Jonathan Cohen), ce dernier décidant de trafiquer la plaquette de pilules contraceptives de sa femme pour lui faire un enfant dans le dos. Dans plusieurs séquences, le personnage joué par Marina Foïs n'est plus qu'une matrice : la scène qui m'a le plus troublée est celle où une infirmière salue son ventre au lieu de lui dire bonjour à *elle*. J'ignore si mon corps parviendrait à vivre en pleine harmonie avec un autre organisme humain qui se développerait en lui. Le coloniserait. L'idée m'inspire un profond malaise. J'aurais beaucoup de mal à supporter que mes entrailles comptent davantage que *l'ensemble* de mon être.

La dentiste est apparue sur le pas de la porte. C'est mon tour. « Désolée pour l'attente, ma fille a eu de gros problèmes et ne voulait pas me lâcher au téléphone. C'est tout juste si j'ai eu le temps de m'alimenter ! »

SURF, CYCLE ET DESTIN

Facebook m'a conseillé de suivre le Premier Sommet interdisciplinaire en français sur le cycle menstruel, coordonné par Gaëlle Baldassari en 2019. Facebook m'a également appris que cette personne avait publié un ouvrage de vulgarisation sur le même sujet*. Intriguée, j'ai obéi à Facebook. L'organisatrice se présente comme « coach et formatrice au service du leadership et des femmes** ». Beurk ! Mais le Sommet m'intriguait : j'ai réprimé mes grimaces et visionné quelques conférences en ligne. Le public visé est large, ce dont témoignent les images employées : Baldassari compare la situation physiologique et psychique des femmes au fil de leur cycle menstruel à la posture d'une planchiste faisant face à une vague : « La surfeuse prend son élan (phase pré-ovulatoire), puis elle se hisse sur la planche

* Gaëlle Baldassari, *Kiffe ton cycle !*, Paris, Larousse, 2019.
** Gaëlle Baldassari, *Kiffetoncycle.fr* [en ligne].

(ovulation), descend dans le tube de la vague (phase prémenstruelle) et retourne sur sa planche (règles). » Ces quatre phases sont elles-mêmes associées à différents états : « super woman » (S), « ultra-sympa » (U), « redoutable » (R) et « fatiguée » (F). En dépit d'un certain schématisme, que la conférencière reconnaît elle-même, le propos permet de dissocier la connaissance du cycle menstruel de l'expérience de la maternité. Et il montre que l'utérus, même vide, est un organe bien vivant, « actif, avec ses sensations menstruelles et sexuelles* ».

La démarche m'a interpellée. Je suis une femme dont le genre correspond au sexe biologique. Même si je n'éprouve pas le besoin de reconfigurer de fond en comble les données biologiques qui me conditionnent depuis ma naissance, elles jouent un rôle non négligeable dans mon identité. De fait, ces composantes initiales sont essentielles, dans la mesure où « le corps [est]

---

* Laurie Lisle, *Without Child. Challenging the Stigma of Childlessness*, New York, Ballantine Books, 1996.

l'instrument de notre prise sur le monde* ». Mais elles ne constituent pas « un destin figé », ce qu'a observé Beauvoir bien avant le développement des *queer studies*. La même dialectique vaut selon elle pour la maternité : « C'est par la maternité que la femme accomplit intégralement son destin biologique ; c'est là sa vocation "naturelle" puisque tout son organisme est orienté vers la perpétuation de l'espèce. Mais [...] la société humaine n'est jamais abandonnée à la nature. Et en particulier depuis environ un siècle, la fonction reproductrice n'est plus commandée par le seul hasard biologique, elle est commandée par des volontés**. »

Ma volonté a pris le pas sur mon destin de femelle. Cette satisfaction-là se nourrit de ma fierté d'être parvenue à résister aux injonctions à la maternité qui m'assaillent. Mais mon orgueil civilisationnel a des limites : je n'en suis pas moins capable de

---

* Simone de Beauvoir, *Le Deuxième Sexe I*, *op. cit.*, première partie : « Destin ».
** Simone de Beauvoir, *Le Deuxième Sexe II*, *op. cit.*

ressentir et d'habiter ces données biologiques qui fondent mon existence. J'ai ainsi remarqué que j'étais plus énergique et avide de nouveaux projets en début de cycle, plus à l'écoute de mon entourage avant l'ovulation, et plus renfermée après. Sans basculer dans l'absolutisme hormonal, j'ai appris à orienter mes activités selon ces composantes physiques qui m'apparaissent aujourd'hui tellement évidentes, mais dont je n'aurais jamais pris conscience si j'avais persisté à les considérer comme une machinerie au service de la reproduction. Mon refus de devenir mère m'a poussée à me demander à quoi tout cela pouvait *aussi* servir : manière de lutter contre l'absurdité qui planait sur mon existence biologique. En choisissant de ne pas avoir d'enfants, j'ai finalement appris à mieux écouter mon corps.

SAVOIR DIRE NON

En proie au mal de dos, dans un Intercités Paris-Clermont stoppé en pleine voie par un sanglier suicidaire, j'ai un peu surfé sur Internet. J'y ai trouvé une recommandation originale : adopter régulièrement la posture de Wonder Woman contribuerait à réduire les douleurs dorsales. Il suffirait pour ce faire de se tenir bien droite, le menton relevé et les mains autour de la taille, et de compter jusqu'à dix. Trois fois de suite. Si imiter de temps en temps la superhéroïne peut m'aider à avoir moins mal au dos, pourquoi pas ? Mais si c'est pour l'incarner au quotidien, c'est non. Je ne suis pas la seule. Chloé Delaume préfère convoquer l'image de la guerrière, mais partage mes réserves : « Faire le deuil pour de vrai d'un tas de rêves de jeune fille. Je ne parle pas de la princesse qui retouche ses racines, encore moins d'un chevalier atteint d'alopécie. Plutôt du mythe de la guerrière. Parce qu'être guerrière, c'est important, on a appris l'*empowerment*, être une femme forte, c'est nécessaire. Mais parfois, c'est bien de déléguer. [...] Ce qui ne signifie pas qu'on a fait le deuil de soi. Seulement qu'on ne croit plus aux fables de l'antique superhéroïne*. »

Dans le même ordre d'idées, je ne crois pas à un accomplissement féminin qui consisterait à tout avoir. C'est là un autre mythe, illustré de manière emblématique par un guide autobiographique qu'a commis en 1982 la rédactrice en chef de *Cosmopolitan*, Helen Gurley Brown : *Having It All. Love, Success, Sex, Money Even If You're Starting with Nothing*. En décidant de ne pas mettre d'enfant au monde, j'exclus d'incarner au quotidien la femme multifonctions, à la fois compagne, amie, enseignante, chercheuse et mère. Et je renonce sciemment à accumuler toujours plus d'expériences. Cette résolution, je lui ai trouvé un nom : pléonexie existentielle. Provenant du grec ancien πλεονεξία (*pleoneksía*), qui signifie « excès », la pléonexie désigne habituellement la

* Chloé Delaume, *Mes bien chères sœurs*, Paris, Seuil, 2019.

volonté de posséder et/ou de consommer toujours plus. Ne pourrait-on pas envisager cette forme de décroissance dans nos existences ? Le but n'est pas de viser à l'ascèse en toute situation, mais d'assumer de faire des choix. Comme celui de dire non à la maternité.

À celles qui me demandent si je veux ou si j'aurai un jour des enfants, je donne maintenant la réponse suivante : « Sans façon, merci. »
Pour formuler à ma manière une politique d'autodéfense.
Pour suggérer que je sais parfaitement pourquoi je ne veux pas procréer, afin qu'on me fiche la paix.
Pour éviter à la fois l'agressivité et l'euphémisme, par le biais d'une irrévérence qui dit bien autre chose que le refus de devenir mère.

À TOUTES LES FÉMINISTES

Dans *Échographie du vide*, Camille Bonvalet explique avoir voulu « déconstruire l'idée selon laquelle les femmes qui ne veulent pas d'enfant sont soit des militantes féministes radicales soit des célibataires éternelles* ». Son premier roman dissocie le refus de la maternité d'un féminisme assumé. Voire du féminisme tout court, qui a tendance à faire trembler les frileux qui le pensent au singulier.

Je ne crois pas à l'existence d'*un* féminisme monolithique. Si chaque femme qui renonce à la parentalité a le droit de se définir à sa guise, c'est justement parce que le féminisme n'a pas vocation à être un carcan. Son but n'est pas de reproduire des assignations et sommations auxquelles nous autres cherchons justement à échapper.

Celles qui ont pris la même décision que moi

---

* Pauline Le Gall, entretien avec Camille Bonvalet, *Cheek Magazine*, 5 février 2020 [en ligne].

osent disposer de leur corps et de leur vie comme elles l'entendent. Est-ce à dire qu'elles se comportent en féministes ? À mon sens, oui : dans un contexte pour le moins hostile, elles défendent en acte leur liberté de s'autodéterminer.

Le refus de se revendiquer féministe en fait aussi partie. Ne pas vouloir d'enfants ne doit plus être un stigmate ; mais ce n'est pas pour autant une auréole, ni le point de départ d'une croisade. D'autant moins que la tendance actuelle n'est pas à la remise en cause généralisée des canons de la maternité. Les féminismes post-#MeToo envisagent les corps et la sexualité, scrutent l'intimité et le quotidien, interrogent le consentement et l'omniprésence des violences faites aux femmes. Dans ce contexte qui s'y prêterait parfaitement, le refus d'enfanter demeure un sujet oublié. Il reste beaucoup à faire.

Avis aux féministes. À toutes les féministes.

TOUTES SŒURS
MAIS PAS TOUTES MÈRES

« Liberté, égalité, sororité » : c'est le slogan qu'arborent fièrement, depuis septembre 2020, plusieurs de mes étudiantes sur leurs t-shirts. À l'image des pantalons pattes d'éph, une habitude des années 1970 revient à la mode quelques décennies plus tard. Après la déferlante suscitée par l'affaire Weinstein. Je me demande si ces étudiantes savent que la sororité était un mot d'ordre voilà quarante ans, dans la plupart des cercles féministes européens et nord-américains. Il y a peu de temps, j'ignorais que le terme existait en français avant d'être banni au XVIIe siècle : la « sororité » désignait une communauté religieuse de femmes jusqu'à ce que Rabelais, dans *Le Tiers Livre*, l'associe à une communauté féminine tout court. Aujourd'hui, Chloé Delaume est de celles qui s'emparent à nouveau de la notion en vantant sa dimension non hiérarchique : « Sororité. [...]

Hors de la foi et de la famille, une relation, l'état de sœur. Le sang n'y est pour rien, si ce n'est le sang menstruel. Une solidarité, rapport de similitude. Le partage d'une condition en dépit de ses pluriels. Hors de toute hiérarchie, et même sans droit d'aînesse. Ici pas de mamatrone : qualité, état de sœur*. »

En voyant la « mamatrone » ressurgir au fil de l'essai *Mes bien chères sœurs*, je me souviens que jamais aucun homme ne m'a posé de questions indiscrètes au sujet de mon non-désir d'enfant ; que jamais mon choix n'a fait l'objet d'un jugement masculin explicite ; que l'impression violente d'infantilisation que j'ai pu ressentir a toujours été provoquée par des propos féminins. Je souligne d'un trait de crayon appuyé les passages où Chloé Delaume en appelle à « la sororité comme principe actif ». Mon exemplaire commence à être annoté de partout. « La sororité n'est en rien une question d'affect, c'est une éthique de vie », martèle-t-elle, avant de devenir plus concrète : « La sororité est une attitude. Ne jamais nuire

* Chloé Delaume, *Mes bien chères sœurs*, *op. cit.*

volontairement à une femme. Ne jamais critiquer publiquement une femme, ne jamais provoquer le mépris envers une femme. »
Juste après, elle déclare ceci : « La sororité est incluante. » En écho à des notions que je retrouve de plus en plus souvent au fil de mes lectures, dans les médias, sur les réseaux sociaux : *l'inclusion*, le féminisme *inclusif*. Pas de débat orthographique chez Delaume, mais la volonté d'intégrer le plus de sœurs possible, déjà revendiquée par la féministe afro-américaine bell hooks dans les années 1980*.

Le discours est répandu, mais met peu l'accent sur les femmes réfractaires au credo de la parentalité. À l'heure actuelle, « l'inclusion » concerne surtout les femmes de couleur, les lesbiennes, transgenres et autres catégories qui ont le mérite de diversifier des modèles gravés dans du marbre blanc depuis des siècles. À quand une sororité incluant systématiquement les femmes ayant renoncé à la maternité ? Il ne s'agit surtout pas

---

* bell hooks, *De la marge au centre*, *op. cit.*

d'oublier toutes les autres : les solidarités ne s'excluent pas, elles se conjuguent.

Nul besoin de militer haut et fort, ni même de faire partie d'un groupe de parole. Mais réagir, à chaque fois que quelqu'un dit à une fillette ou à une jeune femme : « Quand tu auras des enfants… » Refuser d'employer soi-même ce genre de formule. Lutter contre le réflexe d'offrir des poupées aux petites filles ; si elles en réclament une, leur demander pourquoi, et en discuter avec elles. Quand le thème arrive sur le tapis, parler *aussi* des difficultés liées à la maternité à ses connaissances, ses élèves, ses étudiant·es. Oser aborder le regret d'être mère. Sans négliger les garçons et les hommes : les impliquer en leur demandant de l'aide, ou juste leur avis, à chaque fois qu'une femme ne voulant pas d'enfant se voit sommée de se justifier. Je l'ai fait, avec un homme qui se trouvait dans les parages au moment où l'on me questionnait ; et j'ai trouvé un allié. (« Mais foutez-lui la paix ! ») Ne pas demander, non plus, à un homme quand il deviendra père. Ne jamais cesser de défendre l'égalité des sexes, à tous les niveaux.

Ne pas oublier, bien sûr, que la sororité n'est pas toujours un principe partagé. Rembarrer gentiment nos mères et nos grands-mères, quand elles nous demandent quand nous leur « donnerons » des petits-enfants. Ne pas se laisser aller à l'agressivité, et sous-entendre que ce n'est vraiment pas si important. « Sans façon, merci Mamie ! » Et passer à autre chose. Ou continuer la conversation, mais en détournant l'attention de soi : « Tu te rappelles, toi, à quel moment tu as voulu des enfants ? »

Je ne pense pas que la sororité puisse suffire à être un « antidote à la charge maternelle* ». Mais les injonctions à la maternité ne s'atténueront pas sans solidarité. Montrons l'exemple, en concevant l'affirmation et la pratique d'une sororité la plus ouverte possible non pas comme un entre-soi féminin, mais comme la mesure d'une cohésion sociale plus générale. Et considérons les hommes comme « des camarades de lutte** ».

* Fiona Schmidt, *Lâchez-nous l'utérus !*, *op. cit.*
** bell hooks, *De la marge au centre*, *op. cit.*

L'attention et l'empathie ne sont certes pas des ressources illimitées, mais elles peuvent rayonner largement. Ce sont nos outils. Nos munitions. Elles seules sont capables d'atténuer la mise à l'écart des femmes qui ont fait le même choix que moi.

Loin de moi l'idée de considérer l'attention portée aux autres comme une priorité féminine, et encore moins d'oblitérer l'expérience de la violence dont elle participe : comme le souligne Elsa Dorlin, « le souci des autres advient par et dans la violence » qui oblige « à être constamment à l'affût, à l'écoute du monde et des autres »*. L'intérêt de l'empathie est son efficacité presque immédiate : sans qu'ils me soient nécessairement adressés, les mots attentionnés et les gestes compatissants, sans ostentation, émanant des personnes qui m'entourent, parviennent parfois à apaiser l'angoisse sourde qui m'habite quand je pense à l'avenir. Ces petits pas altruistes, intimement politiques, me permettent de regarder

* Elsa Dorlin, *Se défendre. Une philosophie de la violence*, Paris, Zones, 2017.

naître avec un peu moins d'inquiétude les enfants de mes proches. Puissent-ils m'aider à assumer sereinement mon choix de ne pas devenir mère ! Il suffirait, pour cela, de cesser de me, de nous questionner. Même pas besoin d'arrêter de me juger : entendre que je ne veux pas d'enfant, et se taire. Ou acquiescer, sans en faire tout un cirque. Que le privé soit politique signifie aussi qu'il ne faudrait jamais le négliger.

J'assume ma part d'idéalisme. Sans elle, je ne serais pas capable de croire encore à ce que je fais au quotidien : enseigner et étudier les littératures, à l'heure où les humanités connaissent une crise sans précédent. Il ne me semble pas plus chimérique de croire en une sororité *vraiment* inclusive. Peu importe que mon optimisme puisse paraître trop utopique : il est mon moteur. Cela n'implique pas de nier les différences, ni d'oublier mon statut plutôt privilégié ; cela ne suffit pas à faire taire mes inquiétudes, ni à rendre caduques mes stratégies d'autodéfense. Mais je crois que si davantage de femmes partageaient mon point de vue, notre quotidien serait plus respirable.

LA CASE

C'est presque rien : un carré, d'un demi-centimètre sur un demi-centimètre, accompagné de neuf lettres : « nullipare ». Il y a quelques jours, juste avant de passer une radio de la cheville, je me suis retrouvée face à ce formulaire médical. Il me fallait à nouveau soit indiquer un chiffre correspondant au nombre d'enfants à charge, soit cocher une case signalant ma nullité procréative. J'ai coché la case. Mais cette fois, j'ai barré le « nullipare » qui y était accolé.

« Je ne me sens pas mère – mais je me sens pleinement femme », écrit Belinda Cannone* : c'est ce qu'il est temps de faire résonner, en ce moment de chamboulement post-#MeToo, où le refus d'enfanter reste encore tabou. Pour que mon renoncement à la maternité puisse devenir un

---

* Belinda Cannone, *La Tentation de Pénélope*, Paris, Stock, 2010.

jour une adhésion totale, en mon for intérieur *et* aux yeux d'autrui, il reste à banaliser le non-désir d'enfant. Non pas à des fins de propagande. Mais pour faire accepter l'idée que celles qui ne souhaitent pas devenir mères sont des femmes au même titre que les autres. L'heure est venue de déconstruire le préjugé tenace de l'existence d'*une* destinée féminine. Nous sommes multiples et nos parcours sont innombrables.

Je plaide pour l'abolition de la case « nullipare ».

Il existe un mot tout simple pour remplacer « nullipare » : « femme ». Nul besoin d'en inventer un autre. Elle est femme quand elle n'a pas d'enfants. Elle est femme ET mère quand elle a des enfants. Un homme peut être homme ET père. Après avoir biffé « nullipare », sur le formulaire du centre de radiologie, j'ai indiqué : *FEMME*. En lettres majuscules.

ÉPILOGUE. LES PHOTOS

Quand ils viennent d'avoir un bébé, les jeunes parents ne cessent de donner de ses nouvelles. Encore heureux que mes amies ne soient pas particulièrement narcissiques : l'espace de stockage de mon téléphone portable ne le supporterait pas. Assaillie de photos de nourrissons qui finissent par tous se ressembler, je conserve sagement ce qu'on m'envoie. Je n'ose faire le ménage, par crainte un peu stupide de blesser les jeunes mères qui m'entourent.

Il y a une autre raison à cet archivage : de temps en temps, j'aime jeter un œil à ces photos. Et parfois, une ébauche de question me traverse : « Et pourquoi pas, après tout… ? »

Je suis parvenue à renoncer à la maternité. Il n'empêche : ces photos de bébés trognons que je reçois à intervalles réguliers continuent à me tirailler. Mais je réussis à ne pas me laisser envahir par cette hésitation qui me tourmentera sans doute jusqu'à la ménopause. Aidée du soutien de certain·es de mes proches et de mes lectures... Preuve en est qu'il ne suffit pas que chaque femme trace son propre chemin face à la possibilité d'être ou de ne pas être mère : les balises doivent aussi être posées collectivement. Elles le sont déjà en partie, comme l'ont montré toutes les voix actuelles que j'ai convoquées au fil de ces pages. Dans les magazines se joue également quelque chose qui touche un public plus large, plus jeune : *Causette* et *NEON* comptent parmi ceux qui s'engagent sur la question. Des podcasts abordant le sujet font leur apparition. Sur les réseaux sociaux se créent de plus en plus de groupes fédérant des individus ayant fait le choix d'une vie sans enfant. Les langues se délient. Puissent ces voix continuer à se diversifier. Même si nous ne sommes pas tous soumis à la même violence, les injonctions à la parentalité peuvent concerner chacune et chacun d'entre nous. Il est de *notre* ressort de prendre conscience de leur omniprésence, de les nommer et de tenter d'y répondre. Et de promouvoir une liberté, une égalité et une solidarité qui ne se limitent pas à une devise, ni à un hashtag.

Un enfant ? Sans façon, merci.
Mais de l'air, de l'élan, de l'énergie – la vie, quoi.

Quelques références

Badinter, Élisabeth, *Le Conflit. La femme et la mère*, Paris, Flammarion, 2010.

Badinter, Élisabeth, *L'Amour en plus*, Paris, Flammarion, 1980.

Bagieu, Pénélope, *Culottées. Des femmes qui ne font que ce qu'elles veulent*, Paris, Gallimard, 2 vol., 2016-2017.

Baldassari, Gaëlle, *Kiffe ton cycle !*, Paris, Larousse, coll. « Santé & Médecine », 2019.

Beauvoir, Simone de, *Le Deuxième Sexe*, Paris, Gallimard, 1949, 2 tomes.

bell hooks, *De la marge au centre. Théorie féministe* [*Feminist Theory: From Margin to Center*, 1984], trad. Noomi B. Grüsig, Paris, Cambourakis, 2017.

Biland, Émilie, Minoc, Julie et Oehmichen, Hélène, « S'occuper des enfants, un truc de meufs ? », *in* Fondation Copernic (dir.), *Manuel indocile de sciences sociales. Pour des savoirs résistants*, Paris, La Découverte, 2019, p. 752-762.

Bonvalet, Camille, *Échographie du vide*, Paris, Autrement, 2020.

Butler, Judith, *Trouble dans le genre. Le féminisme et la subversion de l'identité* [*Gender Trouble. Feminism and the Subversion of Identity*, 1990], trad. Cynthia Kraus, Paris, La Découverte, coll. « Poche », 2006.

Cannone, Belinda, *La Tentation de Pénélope*, Paris, Stock, 2010.

Cho, Nam-joo, *Kim Jiyoung, née en 1982* [*Palsip Yi Nyeon Saeng Kim Jiyeong*, 2016], trad. Kyungran Choi et Pierre Bisiou, Paris, NiL, 2020.

Chollet, Mona, *Sorcières. La puissance invaincue des femmes*, Paris, La Découverte, 2018.

Daum, Meghan, *Ils vécurent heureux et n'eurent pas d'enfants* [*Selfish, Shallow, and Self-Absorbed: Sixteen Writers on the Decision Not to Have Kids*, 2015], trad. Julia Kerninon, Paris, Kero, 2019.

Debest, Charlotte, *Le Choix d'une vie sans enfant*, Rennes, Presses universitaires de Rennes, 2014.

Déchalotte, Mélanie, *Le Livre noir de la gynécologie*, Paris, First, 2017.

Delaume, Chloé, *Mes bien chères sœurs*, Paris, Seuil, 2019.

Delaume, Chloé, *Une femme avec personne dedans*, Paris, Seuil, 2012.

Despentes, Virginie, *King Kong Théorie*, Paris, Grasset, 2006.

Donath, Orna, avec la collaboration de Margret Trebbe-Plath, *Le Regret d'être mère* [*Regretting Motherhood. A Study*, 2017], trad. Marianne Coulin, Paris, Odile Jacob, 2019.

Dorlin, Elsa, *Se défendre. Une philosophie de la violence*, Paris, Zones, 2017.

Eaubonne, Françoise d', *Le Féminisme ou la Mort*, Paris, Pierre Horay, 1974.

Emma, *Un autre regard. Trucs en vrac pour voir les choses autrement*, Paris, Massot Éditions, 2017.

Faludi, Susan, *Backlash. La guerre froide contre les femmes* [*Backlash: The Undeclared War Against American Women*, 1991], trad. Lise-Éliane Pommier, Évelyne Châtelain et Thérèse Réveillé, Paris, Éditions des femmes-Antoinette Fouque, 1993.

Gotman, Anne, *Pas d'enfant. La volonté de ne pas engendrer*, Paris, Éditions de la Maison des sciences de l'homme, 2017.

Héritier, Françoise, *Masculin/Féminin. La pensée de la différence*, Paris, Odile Jacob, 1996.

Heti, Sheila, *Motherhood: A Novel*, New York, Henry Holt and Company, 2018.

Hrdy, Sarah Blaffer, *Les Instincts maternels* [*Mother Nature: A History of Mothers, Infants, and Natural Selection*, 1999], trad. Françoise Bouillot, Paris, Payot, 2002.

Knibiehler, Yvonne, *Histoire des mères et de la maternité en Occident*, Paris, Presses universitaires de France, 2000.

Kreyenfeld, Michaela et Konietzka, Dirk (dir.), *Childlessness in Europe: Contexts, Causes, and Consequences*, Heidelberg, Springer, 2017.

Lê, Linda, *À l'enfant que je n'aurai pas*, Paris, NiL, 2011.

Leclerc, Michel, *La Lutte des classes*, Karé Productions, 2019.

Lecoq, Titiou, *Libérées ! Le combat féministe se gagne devant le panier de linge sale*, Paris, Fayard, 2017.

Legendre, Claire (dir.), *Nullipares*, Montréal, Hamac, 2020.

Letourneur, Sophie, *Énorme*, Avenue B Productions / Vito Films, 2020.

Lisle, Laurie, *Without Child. Challenging the Stigma of Childlessness*, New York, Ballantine Books, 1996.

Macky, Aïcha, *L'Arbre sans fruit*, Les Films du Balibari / Maggia Images, 2017.

Mies, Maria, et Shiva, Vandana, *Écoféminisme* [*Ecofeminism*, 1993], trad. Édith Rubinstein, avec la collaboration de Pascale Legrand et Marie-Françoise Stewart-Ebel, Paris, L'Harmattan, 1999.

Power, Nina, *La Femme unidimensionnelle* [*One Dimensional Woman*, 2009], trad. Nicolas Vieillescazes, Paris, Les Prairies ordinaires, 2010.

Régnier-Loilier, Arnaud (dir.), *Parcours de familles. L'enquête* Étude des relations familiales et intergénérationnelles, Paris, INED éditions, 2016.

Rushdie, Salman, *La Honte* [*Shame*, 1983], trad. Jean Guiloineau, Paris, Stock, 1989.

Schmidt, Fiona, *Lâchez-nous l'utérus ! En finir avec la charge maternelle*, Paris, Hachette, 2020.

Schneck, Colombe, *Femmes sans enfant, femmes suspectes*, ARTE France, Elzévir et Compagnie / Elzévir Films, 2014.

Sohn, Lili, *Mamas. Petit précis de déconstruction de l'instinct maternel*, Paris, Casterman, 2019.

Steinem, Gloria, *Ma vie sur la route. Mémoires d'une icône féministe* [*My Life on the Road*, 2015], trad. Karine Lalechère, Paris, HarperCollins, 2019.

Vallée, Édith, *Pas d'enfant, dit-elle… Les refus de la maternité* [Tierce, 1981], Paris, Imago, 2005.

Vergès, Françoise, *Un féminisme décolonial*, Paris, La Fabrique, 2019.

Winckler, Martin, *Les Brutes en blanc. La maltraitance médicale en France*, Paris, Flammarion, 2016.

Woolf, Virginia, *Une chambre à soi* [*A Room of One's Own*, 1929], in *Romans, essais*, trad. Jacques Aubert, Michel Cusin, Sylvie Durastanti, et *al.*, Paris, Gallimard, coll. « Quarto », 2014.

Remerciements

Sans Charlotte Rotman, ce texte n'aurait jamais trouvé son accomplissement : je la remercie pour sa confiance, son engagement et son énergie.
Pour leurs conseils et leurs encouragements, ma gratitude va à Aurélie Barjonet, Simon Chevalier, Hélène Huysseune, Cloé Korman, Antoine Lepetit, Jean-Marc Moura et Émilie Sermadiras.
Je remercie, enfin, les étudiantes et étudiants inscrits en parcours recherche-création dans le cadre du master « Lettres et création littéraire » de l'Université Clermont Auvergne, pour m'avoir donné l'idée, par leurs travaux et nos discussions éparses, de faire dialoguer une approche universitaire et une écriture plus incarnée.

Table

De la même autrice

Écritures de l'engagement par temps de mondialisation, Paris, Classiques Garnier, 2016.

Traduction de l'allemand : Ottmar Ette, *TransArea. Une histoire littéraire de la mondialisation*, Paris, Classiques Garnier, 2019.

Direction d'ouvrage : avec Philippe Mesnard et Jean-Marc Moura, dossier « Au carrefour des études mémorielles, postcoloniales et de genre », *Mémoires en jeu*, n° 10, avril 2020.

Direction d'ouvrage : avec Stefania Cubeddu-Proux et Jean-Marc Moura, *L'Atlantique littéraire au féminin,* XXe-XXIe *siècles. Approches comparatistes*, Clermont-Ferrand, Presses universitaires Blaise Pascal, 2020.

L'EXEMPLAIRE QUE VOUS TENEZ ENTRE LES MAINS
A ÉTÉ RENDU POSSIBLE GRÂCE AU TRAVAIL DE TOUTE UNE ÉQUIPE.

ÉDITION : Charlotte Rotman
COUVERTURE ET CONCEPTION GRAPHIQUE : Quintin Leeds
ICONOGRAPHIE : Pascale Dubreuil-Ferrieux
MISE EN PAGE : Soft Office
RÉVISION : Anne-Rozenn Jouble, Isabelle Paccalet et Aleth Stroebel
FABRICATION : Maude Sapin
COMMERCIAL ET RELATIONS LIBRAIRES : Adèle Leproux
avec Marie Bréhin
PRESSE ET COMMUNICATION : Manon Kauffmann

RUE JACOB DIFFUSION : Élise Lacaze (direction), Katia Berry (grand Sud-Est), François-Marie Bironneau (Nord et Est), Charlotte Jeunesse (Paris et région parisienne), Christelle Guilleminot (grand Sud-Ouest), Laure Sagot (grand Ouest), Diane Maretheu (coordination), Charlotte Knibiehly (ventes directes) et Camille Saunier (librairies spécialisées)

DISTRIBUTION : Interforum

DROITS FRANCE ET JURIDIQUE : Geoffroy Fauchier-Magnan
DROITS ÉTRANGERS : Sophie Langlais
ACCUEIL ET LIBRAIRIE : Laurence Zarra
ANIMATION : Sophie Quetteville
ENVOIS AUX JOURNALISTES ET LIBRAIRES : Vidal Ruiz Martinez
COMPTABILITÉ ET DROITS D'AUTEUR : Christelle Lemonnier,
Camille Breynaert et Christine Blaise
SERVICES GÉNÉRAUX : Isadora Monteiro Dos Reis

Achevé d'imprimer sur les presses de l'imprimerie
Normandie Roto s.a.s.
à Alençon (Orne) en mars 2021.

ISBN : 978-2-37880-198-4
N° d'impression : 2100800
Dépôt légal : Avril 2021

Imprimé en France

RACONTER DES VIES, DES COMBATS

Dans la même collection

L'ÉTÉ OÙ JE SUIS DEVENUE VIEILLE
ISABELLE DE COURTIVRON

IL EST TEMPS D'AGIR
CAROLA RACKETE

REBELLEZ-VOUS !
MARIE LAGUERRE AVEC LAURÈNE DAYCARD

DES VIES DE COMBAT
AUDREY CÉLESTINE

DERNIÈRE VISITE À MA MÈRE
MARIE-SABINE ROGER

COMPRENNE QUI VOUDRA
PASCALE ROBERT-DIARD ET JOSEPH BEAUREGARD